墨香财经学术文库

“十二五”辽宁省重点图书出版规划项目

Research on Government Budget Performance Management in Public Interest Maintenance and Grass-roots Social Governance

辖区公共利益维护与基层社会治理中的政府预算绩效管理研究

孙克竞 ◎ 著

东北财经大学出版社
Dongbei University of Finance & Economics Press
大连

图书在版编目（CIP）数据

辖区公共利益维护与基层社会治理中的政府预算绩效管理研究 / 孙克竞著. —大连：东北财经大学出版社，2020.6

（墨香财经学术文库）

ISBN 978-7-5654-3726-7

Ⅰ. 辖… Ⅱ. 孙… Ⅲ. 社会管理-国家预算-经济绩效-预算管理-研究-中国
Ⅳ. ①D63②F812.3

中国版本图书馆CIP数据核字（2019）第296414号

东北财经大学出版社出版发行

大连市黑石礁尖山街217号 邮政编码 116025

网　址：http：//www.dufep.cn

读者信箱：dufep @ dufe.edu.cn

大连永盛印业有限公司印刷

幅面尺寸：170mm×240mm 字数：151千字 印张：10.75 插页：1

2020年6月第1版 2020年6月第1次印刷

责任编辑：时 博 周 慧 责任校对：慧 心

封面设计：冀贵收 版式设计：钟福建

定价：45.00元

“东北财经大学‘双一流’建设项目
高水平学术专著出版资助计划”资助出版

前　言

从20世纪80年代后期开始，中国的经济学、政治学研究者对以公共选择理论、制度经济学为代表的新政治经济学的关注与日俱增。20世纪末21世纪初，随着中国公共财政体制的逐步确立与构建，这种关注逐渐转化为理论引进与在中国适用性的分析。至2019年，中国的分税制改革已走过了整整25个年头，多年来裹足我国公共财政体制改革深化、真正确立以市场为决定因素的资源配置机制的症结逐渐清晰地聚焦到了辖区公共产品有效供给、地方政府预算绩效管理制度改革，以及背后隐含着的地区公共利益维护与评判、基层社会治理革新的必要配合等突出问题上。多年来，地方政府财政支出与公共需求不匹配、公共资源损失浪费、政府行为与群众利益不一致等问题的出现，都凸显出解决好地方政府辖区内的公共利益诉求与维护问题，制度化地约束好地方政府行为，建立一种沟通顺畅、相互信任、彼此监督、透明高效，基层社会治理与地方公共资源配置充分融合的政府预算管理制度体系已迫在眉睫。与此同时，从当今中国现代财政制度建设的实践来看，财政体制分权与集权的矛盾、预算制度泛化与缺失的共存、公共支出机制创新的异化与激励不足，以及迫切且趋于理性的公共利益诉求表达与维护分析都使得中国的地方财政问题越来越趋近于新政治经济学的研究假设和主体内容。

然而，新政治经济学与辖区公共利益维护分析和基层社会治理改革的最佳契合点究竟在哪儿？从新制度经济学的制度演进观点及中国的政治结构特征、契约社会形成阶段、公民意识等方面看，地方政府预算绩效管理制度改革应该是最合适的选择。第一，地方政府预算绩效管理制度是地方性公共产品需求表达与有效供给的重要制度保障，也是从政府、民众、市场的经济关系上形成社会公共利益和政治联系的核心纽带，集中反映了一定经济基础形成的社会利益关系。第二，政治现象强调一切借助于社会公共权力来维护、实现和协调社会公共利益要求和社会关系，而地方政府预算绩效管理制度正是政府在某种经济关系基础上履行社会公共权力、实现社会共同利益的重要手段。第三，强调地方政府预算绩效管理制度变革，能够更好地与中国基层社会治理革新相配合。随着社会民主的不断进步，未来中国的基层社会治理必将越来越多元化，去政府中心化的趋势也将越发明显，建立在市场原则、公共利益和集体行动基础上的合作以及自下而上的参与式民主，将成为今后地方政府公共预算编制、审批、执行、监督的基本模式，这种互动式的改革必将带来更为丰富和积极的政治、经济与社会影响。

实践中，发达市场经济国家在新政治经济学、新公共管理、公共预算等理论研究不断发展的基础上，结合本国的公共管理水平与社会治理特征，在政府预算管理制度改革方面进行了诸多创新实践，从最初的分行列支预算到早期的绩效预算，从计划-规划-预算管理模式（PPBS）到目标管理预算（MBO），从零基预算（ZBB）到目标基础预算，直至当前的结果预算或称新绩效预算改革，社会公众与改革者们对于公共预算绩效问题的关注有增无减。20世纪末，随着我国与市场经济相适应的公共财政理念的确立和部门预算等政府预算制度改革的完成，公共支出绩效评价及制度创新问题逐步成为现代财政制度构建的核心内容，以此为基础的政府预算绩效管理改革不断迈向深入。2015年新版《中华人民共和国预算法》出台，在预算编制与执行的相关条款中，对于支出绩效评价、绩效目标管理、绩效监控与结果应用等内容都做出了原则规定。2018年中央出台《关于全面实施预算绩效管理的意见》，更是标志性地推动了政府预算绩效管理制度改革的深入。

事实上，中国的政府预算绩效管理改革绝不是政府层面单纯的预算制度革新问题，而是涉及公共服务需求偏好遵从、公共品有效供给、公共支出绩效水平测度、公共利益维护、基层社会治理等诸多因素的综合性制度改革。可以说，全面优化的地方政府预算绩效管理改革既是辖区公共利益得到可持续维护和有效提升的重要制度载体，也是基层社会治理公共化改革的核心抓手，三者之间相互促进，互为依托。具体而言，地方政府预算绩效管理改革的最终目标是实现地区公共服务的有效供给，最大限度地满足辖区居民在公共服务数量与质量方面的需求，只有做到这一点，地区居民的公共利益才能得到切实保障，而判断的客观标准则具体体现为辖区公共支出的绩效水平。然而，公共支出绩效水平的变化会受到多方面因素的影响，其中基层社会治理的状态与地方政府预算绩效管理的具体制度设计至关重要，这里既包括基层社会治理中如何通过权责划分、人事安排、资金筹集等措施充分发挥其在公共服务需求偏好表达、消费评价等方面组织采集绩效信息的优势，也包括地方政府预算绩效管理改革中如何处置跨期财政总额控制与适度宽松的预算执行规则之间的关系等多个方面。显然，从中国公共预算改革的历史进程来看，当前乃至今后相当长一段时间内我国政府预算改革的突出特征将是从收入预算向支出预算、从公共化管理向绩效化管理、从单纯的供给产出保障向供需均衡结果评价等方面逐步转变，从辖区公共利益维护与基层社会治理的视角分析政府预算绩效管理问题正适应了这种改革趋势与时代要求。

在结构安排上，本书按照提出问题—理论研究—实践综述—实证分析—改革措施的顺序，共分5章。第1章，导论。首先介绍了本书在理论与实践方面的研究背景，之后展示了现有文献的研究情况，接下来提出本书的研究思路与结构框架，最后是创新性探索与研究展望。第2章，辖区公共利益的核心体现与基层社会治理需求。重点从辖区公共支出绩效问题的理论分析与基层社会治理视角下的辖区公共利益维护问题两个方面阐述书中核心命题研究的主要理论基础。第3章，辖区公共利益维护与基层社会治理中的现实问题。主要围绕我国地方公共服务供需现实中，在需求表达、供给评价、基层社会治理状态、预算支出绩效管理制度约束等方面存在的现实问题与不足进行实践综述。第4章，基于辖区公共支出绩效的多角度实证研究。基于理论分析与实践综述所梳理出的研究重点，运用多种实证分析方法与模型设计，展开对辖区公共支出绩效的结果测度、地区公共品有效供给的均衡分析、影响辖区公共支出绩效变化的因素研究，特别是预算制度变革对辖区公共支出绩效改善促进作用的分析，得出丰富的实证结论。第5章，地方政府预算绩效管理的全面实施。根据实证研究的系统结论，提出控制与绩效兼容的地方政府预算制度改革方案，并以部门预算为载体展开制度改革对接，同时，地方财政体制的相关配套改革也是地方政府预算绩效管理全面实施的重要保障。

由于作者水平有限，不足和疏漏之处在所难免，恳请广大读者批评指正。

孙克竞

2019年9月

目　录

1 导 论

1.1 研究背景

1.1.1 公共利益维护与基层社会治理的评价问题

从历史的角度看，对于公共利益的概念，人们不断尝试从不同视角和方法去描述。英国学者边沁认为，“共同体是个虚构体，由那些被认为可以说构成其的成员的个人组成。那么共同体的利益是什么呢？是组成共同体的若干成员的利益的总和”。美国思想家潘恩认为，“公共利益不是一个与个人利益相对立的术语；相反，公共利益是每个个人利益的总和。它是所有人的利益，因为它是每个人的利益；因为正如社会是每个人的总和，公共利益也是这些个人利益的总和”。而美国学者庞德则认为公共利益是“包含在一个政治组织社会生活中并基于这一组织的地位而提出的各种要求、需要或愿望”。德国学者洛厚德认为：“公益是一个相关空间内的大多数人的利益，换言之，这个地域空间就是以地区为划分，且多以国家（政治、行政）组织为单位。所以，地区内的大多数人的利益就足以形成公益”。因此，公共利益并不是个人利益的总和，而是以社会作为整体的利益，是共同利益的一种。概括地说，公共利益就是全社会范围的共同利益。可以说，公共利益是否得到了有效的维护与提升是判断辖区政府施政能力与水准的重要标志，那么，判断或评价的依据及标准又是什么呢？事实上，公共利益这一概念与公共经济学中的社会公共需求的含义十分相近，特别是在需要量化评价的情况下，公共利益更应是客观的、具体的、能够衡量的，显然，从公共品的效用分析角度，公共利益具有与社会公共需求相似的特征，如利益分享的总体性、效用的不可分割性、成本弥补与享用的不对称性等，因此，辖区居民的公共服务消费水平、对公共品供给质量的评判、社会公共服务的供需均衡状态等问题的深入研究最能反映辖区公共利益的维护与改进情况，这也在某种程度上，明晰了辖区公共利益问题研究的主要载体。在实践层面上，辖区公共支出绩效是公共利益归宿研究的具体化，而政府预算绩效管理改革则是辖区公共支出绩效分析的具体化。政府预算制度的绩效化设计与改革，既体现了经济学中对公共稀缺资源有效配置的要求，也反映了政治学中共同利益维护与提升的制度化目标，二者通过政府预算制度的改革与完善统一于辖区公共品最优绩效的实现。

同时，基层社会治理从政府、社会组织、居民多方参与合作的主观视角探讨辖区公共利益的维护归宿问题。所谓基层社会治理是指基层社会的治理主体以相对平等的身份，就基层社会公共事务进行合作共治，通过社会关系的协调与社会行为的规范，解决社会问题、维护社会公正与稳定，以促进社会和谐的活动。辖区公共支出绩效分析以及公共服务有效供给研究主要是基于量化评价的客观事实对公共利益维护与提升的优劣做出评价，然而，在社会公众的公民权益、法律意识、合作关切等主观意愿不断清晰并加强的情况下，基层社会治理在真实、准确地反映辖区居民公共服务需求偏好信息，有效组织居民合理表达公共诉求，尝试辖区公共服务供给实验等方面所起到的作用将越来越大。事实上，基层社会治理水平的高低同样需要客观评价，而辖区公共支出绩效水平以及政府预算绩效管理制度的完善程度能够在较大程度上反映出基层政府、社会组织在引导、协调辖区居民参与以公共需求表达及结果评价为核心的公共利益诉求过程中的努力程度。显然，基层社会治理研究为辖区公共品绩效与公共利益维护分析提供了必要的社会组织载体。同时，基层社会治理在资金保障、事权与支出责任划分、奖惩制度安排、人事制度设计等方面与辖区政府预算绩效管理改革关系密切，二者在辖区公共支出绩效目标的实现过程中彼此相互配合，互为依托。

1.1.2 现代财政制度建设中的政府预算绩效管理改革

中国公共财政建设已经走过了20多个年头，财政改革已从体制转轨向制度构建深入，从关注收入配置转向完善支出预算，从强调公共资源使用的过程控制迈向对支出结果绩效的全面要求。新时期，这种变化集中体现在党的十九大以来，我国“现代财政制度”概念的提出，其针对现代预算制度建设提出了具体要求，即“建立全面规范透明、标准科学、约束有力的预算制度，全面实施绩效管理”。显然，无论是从理论研究还是从改革实践来看，当前我国政府预算绩效管理的相关制度与机制建设，由于其直面多年来我国财政发展中所面临的主要矛盾，符合公共品有效供给及公共预算理论的一般规律，满足维护公共利益、追求社会福利最优的客观要求等特征，因而其已逐步显现为引领我国现代预算制度构建的基础性制度保障与改革标杆。

实践中，2000年以后，随着我国政府部门预算改革的正式推开，以财政投资项目评审为主要内容的预算支出绩效评价工作就已逐步展开，随后中央层面上相继选择了农业、水利、教育、扶贫、交通等多个部门的具体预算支出项目展开了绩效评价试点工作，各省级地方政府也陆续出台了针对预算项目资金、专项资金的绩效评价规程或办法，其中以广东省的改革措施最为深化、细致、全面，对其他地方政府的相关改革起到了示范作用。2010年之后，预算绩效管理改革进一步提速，财政部相继出台了《预算绩效管理工作规划（2012—2015年）》《预算绩效评价共性指标体系框架》《中央部门预算绩效目标管理办法》等一系列改革文件。同时，2015年新版《中华人民共和国预算法》第五十七条明确规定："各级政府、各部门、各单位应当对预算支出情况开展绩效评价。"2018年《中共中央、国务院关于全面实施预算绩效管理的意见》中进一步细化了预算绩效管理各项内容要求，可见，我国以绩效为核心的政府预算制度建设已进入全面实施的改革攻坚阶段。

植根于中国公共经济与财政理论的时代变迁，预算绩效管理改革的全面实施与制度变革，集中体现了政府预算管理理论、公共品有效供给理论及新政治经济学研究框架的中国式验证，并为相关理论命题的深入探讨给出中国解决方案。首先，以中国现代财政制度建设为背景的预算绩效管理改革再次展现了政府预算管理理论中理性主义与渐进主义的交锋。预算绩效管理坚持了理性主义运用组织、规划、控制、授权等管理要素提升公共决策绩效的理念，同时，强调预算绩效与绩效预算的本质差异，审慎对待绩效结果的客观性，并综合考量预算过程的政治因素、预算资金类别、远期目标等要素，在技术进步的前提下，逐步形成回归理性主义（以绩效为基点和导向），兼顾渐进主义（财政总额控制）为特征的中国式政府预算管理理论。其次，预算绩效管理改革提出以绩效标准为依据测度辖区公共品供需及市场均衡。相对于供给数量与消费者效用标准，绩效标准既可以体现出辖区公共服务供给方财政投入与管理的真实水准，又能够相对客观地反映出地方公共品需求方对公共预算支出结果的本质要求，有助于公共需求偏好理性表达机制的不断完善，以及辖区公共品有效供给模型的构建。最后，预算绩效管理改革已成为中国当前新政治经济学对公共利益归宿分析和基层社会治理研究的最佳契合点。无论是出于新制度经济学还是公共选择理论的判断，关注"制度失灵"与自下而上的"地方"政府预算改革，都是社会福利改善的重要研究路径。地方政府预算绩效管理的全面实施从制度层面上落实了辖区公共利益保障的客体与基层社会治理的主要对象，即辖区公共支出的绩效水平与供需均衡状态，其为地方政府各项公共政策的制定、法律法规的完善、基层社会组织职能的定位、合作共赢的公民意愿的培养等提供了客观的评判依据与明确的改进目标。

1.2 文献综述

1.2.1 新政治经济学视角下的地方公共财政研究

目前，越来越多的文献已经跳出经济学的范畴，从分权、治理、民主等政治、法律角度展开对地方公共财政问题的交叉研究，其中新政治经济学的视角多有新意。Buchanan、Mueller、Tullock 等新政治经济学代表人物在对公共选择理论发展的未来展望中，不约而同地将目光聚焦到了理论的中国化问题上，他们认为，中国独特的政治经济结构为公共选择的“演化博弈与行为化”提供了便利的制度背景。在方法论的个人主义方面，Marx（1879）、Mises（1950）、Hayek（1962）、Walterkins（1971）等学者提出了各自对于社会集体行为中个人利益表达的不同观点，这种对人的认识的方法论一旦被真切地运用到分析政府及集体行为上，将十分有助于对社会偏好的了解（Buchanan，1985）。在“经济人”假设方面，通过政治家、官僚、选民的“利己”假定，权利与税收、权力与财政（预算）、自由的限度变得更为切实（李增刚，2011）。公共选择的社会效果也可视为在“自由-正义-效率”三维评价空间的某一区域内取值的映射（汪丁丁，2012）。同时，这种假设揭示了“政府失灵”的更多成因。Herbert A. Simon（1985）、Oliver E.Williamson（1990）、Avinash Dixit（1996）、Drazen（2000）、Torsten Persson 和 Guido Tabellini（2000）、杨小凯（2004）等学者从交易成本政治学的角度指出任何自上而下的制度设计都可能重蹈“国家机会主义”的覆辙，以政府偏好强行或臆想地代替个人偏好，从而放大了寻租机会和社会交易成本。当然，Downs（1966）、Niskanen（1971）、Buchanan（1981）、Mancur Olson（1982）、Richard B. McKenzie（1984）、Acemog Lu 和 Robinson（2001）对于政府组织利己动机的分析同样加深了人们对于公共利益维护与归宿问题的理解。

首先，地方政府行为分析。耿曙（2016）指出，为了满足官员控制的需要，我国实际的任期制往往表现为类似“试用期”的任职：考核压力无时不在，加上官员竞争、任务层层下压；重重高压之下，官员只能全力拼搏政绩，加上时间有限，必须短期速成，结果固然创造出傲人的增长速度，但也产生不少流弊，例如官员在任期间施政偏颇、短期行为以及不同地区官员间的恶性竞争、各自为政等，近年来这些流弊已经引起广泛关注。马万里、李齐云（2017）提出从“援助之手”到“攫取之手”凸显了地方政府作为自我理性行为者的行为差异问题，但该差异绝不仅仅源于地方政府及官员的激励机制，而是与地方政府所处的制度约束空间紧密关联。如果说激励机制是地方政府行为差异的内在诱因，那么，软化的制度约束则是地方政府行为差异的外因。胡洪曙、魏福成（2012）基于新政治经济学的视角，考察了地方政府财政能力对地区经济发展具有的重要影响，地方政府的财政能力决定了地区公共品供给水平和人们获得经济活动成果的比例，这会影响人们经济活动的积极性，从而影响经济绩效和产出。

其次，基于辖区（市县）地方财政治理的形态分析。樊红敏（2013）揭示了县域治理在转型社会中的实践形态，进而呈现并透视县域政治再结构化的过程和逻辑。其认为县域治理再结构化遵循的是政治行政化的逻辑。所谓政治行政化是指县域政治中履行自下而上表达功能的机构和行动都被整合进了行政过程中，对县域政治结构进行非制度化的行政整合。这种再结构化的县域秩序表现为政治行政化动员模式。政治行政化动员模式通过整合分化的政治结构，实现了经济的奇迹并走向赶超型现代化，但由于自下而上表达功能的弱化和缺失，使这种赶超型现代化以牺牲政府与社会的良性关系为代价，并把县域政府置于底层社会抗争的第一线。

最后，地方政府预算管理的特征分析。周雪光（2010）以“逆向软预算约束”概念概括基层政府自上而下地向所管辖区域中的下属组织和个人索取资源的行为，并从组织分析角度探讨这类现象产生的渊源：在微观层次上，干部晋升制度的机制和信息不对称导致了基层政府官员追求资源密集型政绩工程的短期利益，为不断突破已有预算约束、追求预算外资源的政府行为提供了激励；在宏观层次上，组织制度自上而下的约束机制由于上下级政府官员的共同利益联合而难以有效运行，自下而上的企业或个人的抵制活动因组织程度的不对称而无法奏效，而权、责、利三位一体在实际运行中的分离导致责任目标制度的失败。石慧（2013）指出，竞争是公共预算过程不容忽视的基本特征之一，在全面预算控制的前提下，处理竞争更是预算政治中的关键主题。从支出竞争理论或者预算竞争理论的角度看，预算决策是对利益、需求和目的各异的预算行动者之间的激烈竞争进行回应与协调的结果，参与预算资源分配的其他预算或支出项目的预算或支出状态是影响当年预算分配结果的重要因素。同时，著名预算学者Rubin（2001）也指出，现实场景中的支出竞争通常是被预算过程和预算环境限定了竞争程度和利益优先结构的不公平竞争与动态竞争。Schick（2000）也认为全面、公平和权威的预算竞争有助于提高总额控制下的分配效率，但当支出竞争演变为支出“共谋”或“割裂”时，它会导致政府支出规模不断膨胀或使得预算分配结构走向僵化。

1.2.2 以辖区公共支出绩效为核心的公共利益维护探究

辖区居民对于公共利益的保护与提升是否满意，主要是通过其在公共服务的消费过程中所获得的直观感受而得出的，因此，辖区公共品需要偏好表达及有效供给问题的理论探讨始终备受关注，而基于理论分析的公共品供给方式选择、公共部门行为动机、行政目标设定、政府公信力及伦理道德等因素也被纳入到了这一问题的研究中。

首先，有关辖区公共品需求偏好表达与有效供给问题的理论探讨。林达尔均衡（Lindahl equilibrium）模型、Wicksell和Buchanan的“一致的同意”原则、Rawlsde（1971）的无知面纱、Buchanan的“最优辖区”理论、Tiebout（1956）的用脚投票模型，以及Amartya Sen（1996）等人对于Arrow（1950）不可能定理假说的反思与争论都凸显出地区公共品需求偏好表达与有效供给理论模型与诠释现实问题之间仍有待进一步地突破，而Wallace E. Oates（1979）、Ronald C. Fisher（1987）、Bruce Hamilton（1991）对以上致力于诠释现实问题的理论模型进行了修正，使之解释能力大为增强，之后，Dsvis（1991）、Bergstorm和Goodman（1993）、Rubinfeld和Shaoiro（1997）等学者开发了许多有效收集个人地方公共产品偏好的方法和模型。当然，由Vickrey（1961）提出，后来经由Clark（1971）、Groves Loeb（1975）、Tideman Tullock（1976）等人的发展而逐渐完善的最优税制研究同样对于正视地方公共利益意义重大。国内学者对偏好显示问题方面的研究多见于2000年之后，且开始多以分析公共产品的政府供给偏好为主，但事实上如果不了解需求方真实偏好而去片面地谈供给，政府的政策效果会有南辕北辙之失。阎坤、王进杰（2009），冯云廷（2010），崔国胜、唐忠（2012），李春林（2012），冯海波（2013），李永旷（2014），岳公正（2014），潘国旗、杨丹妮（2015），张元鹏（2016）的研究较具代表性。此外，结合Wildavisky（1966）、Caiden（1978）、Leloup（1988）、Rubin（1990）、Schick（1998）等国外知名学者提出的公共预算理论，我国学者马蔡琛（2015）提出预算过程作为一个集体选择问题，不论是公共预算的总体规模，还是预算资金的具体分配，都不同程度地体现了利益交换的倾向，而且规范的流程仍旧可能产生非效率的结果，显然，预算过程的交易特征是基于“经济人”假设的重要推论。只有通过构建某种共同治理的预算管理框架，才有望实现提升资金配置效率的目标。

其次，基于政府部门制度改革与行为动机的多角度分析。童燕军、蒲石（2017）认为辖区公共服务追求“公共利益”的价值取向对政府绩效管理提出了新的要求和挑战。在绩效管理目标定位上，公共服务绩效管理的目标必须转变为追求建立在公平对话语境下的“公共利益”，而不仅仅是管理者眼中的经济、效率、效能等“管理主义”指标；在绩效指标设定上，公共服务认为经济、效率、效能指标并非不重要，但是绝非行政的核心指标。以公平、公正、对话为核心的民主公民权的实现，以职业标准、公民偏好、职业道德、守法等为主要内容的行政责任，以基于价值共同领导来帮助公民明确表达和满足他们的公共利益为目的的服务，以重视人而不只是重视生产率为内涵的人本主义精神都应该纳入政府绩效指标体系；在绩效评估主体方面，公共服务要求“谁来评估政府”这一问题彻底打破“管理主义”桎梏。广泛的公民参与下的评估主体多元化是其核心要求，要打破评估主体的政府垄断，服务的提供者和服务对象之间平等对话和协商必须贯穿于政府绩效管理过程。吕普生

（2013）也指出，纯公共物品的供给绩效需要由它所致力于实现的公共利益目标来衡量。供给绩效如何取决于供给要件是否满足，供给要件能否满足取决于供给方式的选择，而供给方式的选择必须考虑既定的约束条件。供给方式的不同选择是通过影响供给要件来决定供给绩效的。从理论上讲，只要能够有效满足各个供给要件，纯公共物品就既可以由政府单一供给，也可以采取政府主导型复合供给模式。如果资源禀赋和制度安排等外部约束条件相同，政府主导型复合供给在有效满足供给要件进而取得良好供给绩效方面将比政府单一供给更具优势。孟凡蓉、马新奕（2010）将公共服务动机（Public Service Motivation，PSM）界定为人们为完成公共服务和社会贡献所具有的动机，研究发现，公共服务动机在公共部门员工或公共事业工作人员中普遍存在，并且是其重要的心理特征之一，会对他们的工作态度和行为产生重要影响。研究结果表明：公共服务动机与工作绩效有显著正相关关系，其中公共利益和民主治理维度对工作绩效有显著影响，而政治性、自我牺牲与同情心等维度对工作绩效并无显著影响。唐土红（2016）则分析了政府公信力与支出绩效、公共利益之间的关联，指出政府公信力是指政府凭借自身信用赢得公众信任的能力，政府公信力本身也是个政治伦理范畴，政府公信力的三大支柱——政府理念、行为和绩效——均渗透着伦理因素，研究和提升政府公信力也应从伦理道德着手。罗能生（2010）更为直接地指出政府行政的价值目标是实现公共利益，因此政府行为是否有效率本质上并不在于它具体在数量上做了多少事情，而在于它在多大程度上促进和实现了公共利益。也有国外学者从政府存在的道德层面与职能属性方面阐述了以上问题。威尔逊（1980）认为，政府部门存在的根本意义就在于保护社会公共利益不受侵犯，公共资源能够得到有效配置，即有效率的政府才是道德的政府。特格韦尔（1991）则认为，政府的根本职责就是实现“共同利益”，评价政府优劣，就是考察其是否实现了共同利益及其实现的程度如何。

1.2.3 基层社会治理的特征、问题与善治化解

第一，我国基层社会治理具有主体关系、介入手段、治理内容多元

化的特征。肖唐镖（2015）指出，当前对于基层治理形势的评判存在两面论，从政府的角度来看，各级政府出台的民生政策获得了辖区居民的支持，但政策的边际效应在递减。近年来的网格化管理、乡镇长直选等地方治理创新取得了即时性的积极成果，但其可持续性、可复制性和制度化程度不足。从基层状况来看，居民在享受生活水平提升的同时也面临着“繁荣下的治理困境”，如公共秩序问题、环境污染问题、民主决策问题等。从城乡居民来看，各阶层的政治敏锐性弱化普遍，参与渠道、制度供给较为短缺，政治参与和表达形势并不乐观。王建国（2012）认为，政府服务应强调需求导向，使公共政策与民众需求对接，基层治理与民意表达互动，推动回应性治理的发展。姜晓萍（2016）认为，基层治理研究要贴近辖区居民需求，切近现实问题，对基层社会治理的内容进行清晰的界分。相对于宏观社会治理，基层社会治理与具体的问题和需求有着密切的联系，包含的内容也非常丰富，且相互之间交叠嵌套。傅光明（2014）提出基层治理的改善与突破离不开财政保障制度的改革创新，科学划分基层政府与非政府组织的事权责任，鼓励并主动培育自愿与合作式的支出责任负担形式，将是未来我国基层社会治理改革较好的突破口。邓磊和赵慧敏（2013）强调了基层社会治理中人力资源的重要性，指出无论是社区、村组，还是街道、乡镇，其带头人的选定除了依靠法定程序保证其合理性外，其个人自身还应具备受教育程度、收入水平、道德水准等一系列基本条件。

第二，在当前的基层社会治理中，存在治理主体虚化和治理能力弱化等问题。从基层治理的体制因素上看，项继权（2011）认为，随着市场经济的发展，辖区居民的分散化、个体化和公民化不断增强，但管理体制仍延续着过去的传统，无法实现从“群”到“众”的管理转换，也尚未找到有效面对众多个体公民的管理方式，应尽快突破这些障碍。李连江（2014）认为，目前在县域政治或地方政治里出现了“官”“吏”“绅”“民”四种不同的政治力量，形成了复杂的政治格局。在特殊情况下，出现了“吏绅共谋”的现象，即担任非领导职务的本土政府官员与当地经济社会精英联合，直接针对书记和县长，其结构性原因是县级领导干部的流动制或回避制度，县级政府主要官员产生于上级的指令并且任期较短，致使县委书记和县长与本地的社会、民众缺乏关联，这种现象直接引致了基层治理能力的弱化。此外，李春根（2017）指出在当前的基层治理中，组织体系和运行机制都是办“大事”的，而非回应基层社会中“小事”的机制。如果基层组织体系越来越科层化，那么基层治理就会越来越脱离基层社会，成为与基层社会不相适应的技术性权力组织。科层组织固有的惰性、等级性、非人格化、职业化、专门化的特点，使其很难应对基层社会治理中杂乱无章的“小事”。

第三，基层社会治理的善治化解可从治理方式转型、治理主体再造和治理能力提升等方面入手。民意吸纳是治理转型的关键问题，郎友兴（2016）指出，当前的民意吸纳要处理好三个问题。一是制度化的问题，强化地方创新的制度化提升和法理化认同。二是程序化的问题，使各地探索出可复制的民意吸纳机制并能够得到推广。三是可持续的问题，消除官员任期的影响，使地方治理创新能够长期深入地发展。李春根（2017）指出，基层治理能力提升应该有三个方向：一是优化基层治理资源，使基层治理能力具有充实的运行基础。二是优化基层治理结构，建设和发展基层协商民主制度，避免基层治理结构失衡。三是重塑基层治理机制，使得基层治理机制与基层社会的独特性相适宜，从而使得决策和执行更符合基层社会的实际需求。

1.2.4 政府预算改革的制度约束与行为分析

当前，现代预算制度改革的焦点已经逐渐转向预算控制性与绩效性的权衡、预算治理价值目标的设定、预算治理责任框架的构建等方面，其核心内容的研究越来越体现出与辖区公共利益追求目标的统一性。

首先，在预算的控制性与绩效性的关系方面，学者们的研究一直存在着“基础优先”还是“同步进行”的争议。“基础优先”论者认为，在预算控制制度建立之前，不能轻易放松对各种财政支出的控制。如Andrews（2007）认为，只有在国家预算中建立起强有力的行政控制与立法控制后，预算管理部门才能拥有较高的财政自主权，效率才能成为预算活动的焦点。安秀梅和殷毅（2006）认为，中国现阶段尚不具备实施绩效预算的相关制度环境与基本条件，仍然应该建立一种“控制取向”的预算治理模式，绩效预算是我国预算治理的远期目标。而另一部分学者则认为，预算的控制性和绩效性可同步推进。如孟庆瑜（2013）和陈治（2015）认为，我国正处于预算合法性控制与效率性追求交叉并重的时间节点上，因而以规范治理为本位，兼顾有效治理，实现强化预算约束与构建绩效预算之间的平衡，将是推动预算治理转型的有效路径。胡明（2016）认为，绩效性、规范性与民主性是现代预算制度的三个基本维度，是推进国家治理现代化的制度载体，缺一不可。

其次，在预算治理的价值目标方面，学者的研究存在技术理性与价值理性的分歧。技术理性关注效率，侧重于管理系统的优化，沉湎于对预算治理手段精细化的追求。如梅耶斯（2005）认为，预算善治应达到受约束的、透明的、反应良好的、及时的、有洞察力的，以及合作的预算治理标准。刘再杰（2014）认为，实现预算控制制度化并在预算过程中融入“结果链”评价体系，加强对预算资金的追踪问效，是破解我国政府预算能力的困局和构建现代公共预算制度框架的关键一环。而价值理性强调的是人类对善的一种精神追求，具有批判性和公共性等特征。如陈天祥（2011）、彭国甫和张玉亮（2007）认为，政府绩效管理是价值理性与技术理性的统一体，追寻价值理性与技术理性的双重关怀，将是绩效预算发展的必然选择。陈龙（2015）认为，在国家治理过程中，预算除了作为一种效率工具和控制工具外，其最终价值为公共理性，从而在政府与社会、权力与权利、公域与私域之间形成良性的互动，并最终实现预算善治。

再次，在预算治理的责任框架体系构建方面，学者们认为存在激励相容与财政问责两种途径。激励相容理论侧重于利用有效的制度设计来提高预算机关及其工作人员的积极性。如牛美丽（2012）认为，我国绩效预算改革应建立有效的奖励机制，并将当前的“软激励”措施制度化、法律化。韩锟（2006）认为，预算行为是一种激励性行为，因而绩效预算改革应考虑到激励的相容性。而财政问责注重通过惩戒方式，督促预算机关认真履行其职责。如马骏和赵早早（2011）主张通过总额控制、年度预算、预算执行以及预算会计与审计等方式来约束政府权力，对公民负责。王柳（2016）认为，控制、民主和绩效是问责制的三维立体坐标，构成了问责制的通用框架结构体系。

最后，在预算平衡机制改革的研究方面，刘尚希（2015）认为，将年度预算平衡转变为跨年度预算平衡的管理方式，能够在经济周期内追求动态平衡，从而消除因单纯追求年内预算平衡而导致的不适当干预。马蔡琛（2014）认为，跨年度预算平衡机制试图以经济周期代替财政年度，不要求财政收支在每一年度内的平衡，而是期望在一个经济周期中实现预算收支平衡，至少从理论上说，既能实施反周期的宏观政策，又有望实现预算平衡。然而，经济周期的非对称性、周期拐点预判的困难性，以及官员的道德风险问题，将增加跨年度预算平衡机制的实施难度。白景明（2015）认为，为实现财政的可持续性，在预算编制和执行环节，需建立跨年度的动态平衡机制，硬化支出预算约束。张明（2015）则认为，跨年度预算平衡机制的主要影响因素包括经济形势变化和财政政策逆周期调节，具体涵盖各级政府一般公共预算超收和短收、债务管理等方面。李燕（2015）和李慈强（2015）认为，跨年度预算平衡机制强化了年度预算的约束力，而非完全替代年度预算制度，跨年度预算平衡体现了长期平衡、动态平衡和整体平衡的预算理念，具有计划性、渐进性的特点。肖鹏（2015）指出，跨年度预算平衡机制允许某个年度出现预算赤字，体现了预算管理“微观放开，宏观控制”的思想。而孙开、沈昱池（2016）则认为，构建跨年度预算平衡机制，需合理安排中期视野下的跨年度预算管理流程，设立预算编制专门机构，在预算运行中提高跨部门合作效率并有效控制升级转型成本，精准预测并稳妥应对各种财政风险。

通过文献梳理可以发现，尽管学术界已对预算治理与预算绩效管理改革的关系进行了多方位的探讨，但大都还局限于预算治理的工具理性范畴。虽然已有学者从社会利益最大化角度论述预算治理的价值追求，但仍过于抽象，缺乏具体的制度构建。预算治理现代化应以预算绩效管理改革为最终价值目标，兼具工具理性与价值理性，且其价值性应高于工具性，甚至是对工具性强有力的约束（周安平，2015）。

1.3 研究思路与结构框架

本书的研究思路可以大体归结为，以基于新政治经济学为理论基石的中国式辖区公共利益诉求与归宿分析为出发点，围绕地方公共产品需求的理性表达和有效供给，将研究视线集中在以家庭、社区、基层社会组织、市县一级政府为中心的公共支出利益关联，从中国基层社会治理的理性实践和地方政府预算绩效管理制度改革的角度，挖掘地方公共财政与民主政治建设的内在联系及发展方向（如图1-1所示）。

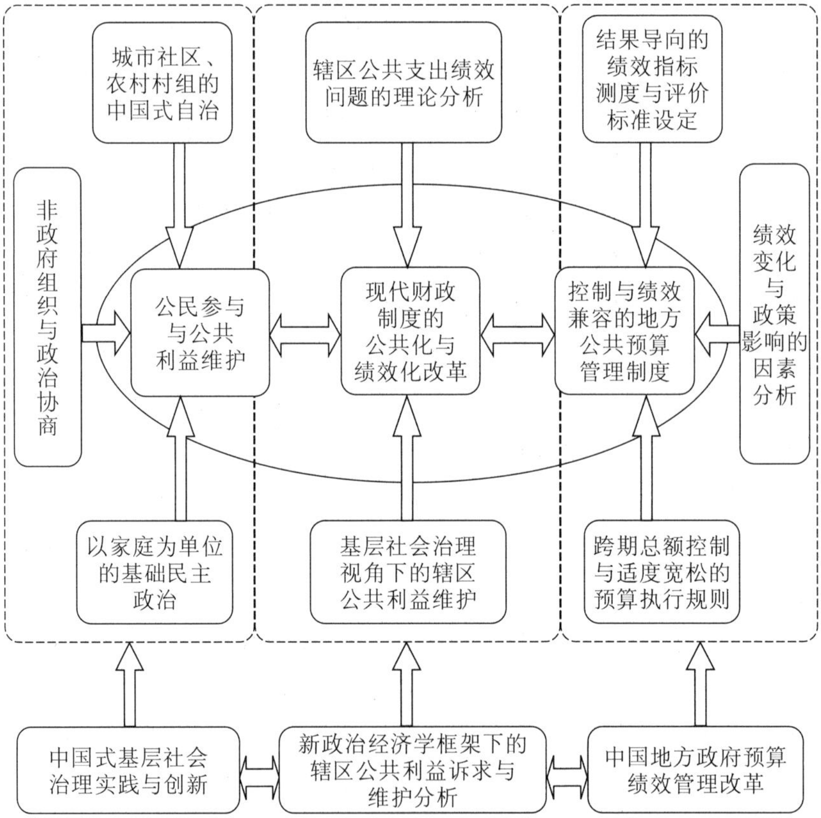

图1-1 研究思路与结构框架

主要研究内容共五个模块，即提出问题、理论研究、实践综述、计量与制度模拟和政策建议。

第一模块，提出问题。中国地方公共财政改革过程中呈现出的一系列困难、阻碍都在不停地拷问着现有的理论体系和实践方式，这里提出八个递进式的问题：一是急功近利的地方财政收支活动如何才能得到有效约束并关注长远目标？二是什么原因导致了中国地方政府公共产品供给不足与公共资源损失浪费现象并存？三是为什么地方政府的财政供给偏好总是凌驾于辖区居民对公共产品的需求偏好之上？四是地方辖区公共利益诉求的实现与基层社会治理革新之间能够存在怎样的关联？五是从公共利益到公共理性再到公共预算，三者之间存在怎样的路径？六是透明、精确、细化、严格的公共预算制度是足够的吗？七是不同政府预算管理模式如何影响个人、集体的财政行为，中国应如何选择？八是在地方公共产品有效供给及偏好显示问题上，中国需要底层设计还是顶层设计，为什么？

第二模块，理论研究。此模块主要以新政治经济学的理论范式为基础，突出分析以中国地方公共支出绩效问题为核心的辖区公共利益的界定，以及基层社会治理的重要性。首先，在辖区公共支出绩效问题的理论研究方面，从地方公共品有效供给与结果评价的视角界定辖区公共利益的内涵，指出地方公共支出绩效水平的高低是最真实的辖区公共利益体现，也是相关问题研究的主要客观载体，具体探讨了辖区公共品有效供给模型中异质性偏好与有限理性变量的引入，以结果导向为主的辖区公共支出绩效评价，以及绩效水平变化的影响因素分析三个方面的理论问题。其次，基层社会治理在辖区公共利益维护中扮演着重要角色，由于居民个体之间以及地方政府、基层社会组织、私人部门、民间团体之间的多边合作对于优质的辖区公共支出绩效的取得至关重要，而基层社会治理的改革创新恰恰能够在这方面发挥直接的组织、沟通、协调作用，同时，基于中国基层政权的组织形式，提出基层社会治理与公共利益博弈中的交易政治假说，侧重分析中国地方公共预算分配、执行过程中不同利益主体间的博弈关系，而从制度演化的视角来看，我国基层社会治理改革与地方政府预算绩效管理制度创新之间存在互为保障与引导的密切关系，详细分析地方政府预算绩效管理改革中投入控制与结果导向之间存在的主要矛盾，将为之后的实证研究与具体政策建议的提出奠定理论基础。

第三模块，实践综述。此模块将具体介绍我国辖区公共利益维护与基层社会治理中三个方面的现实问题。首先，辖区公共品需求偏好表达的制度缺失。辖区公共品需求偏好的有效表达是供给政策、制度、方式选择最核心的信息基础，然而，由于对偏好表达机制与渠道建设重视不足，缺乏必要的偏好疏导机制与政治协商调节，以及信息技术手段的创新应用投入不够充分等原因，使得辖区公共品有效供给的实现面临许多现实困难。其次，辖区公共利益维护的基层社会治理基础薄弱。如果以辖区公共利益最大化作为公共政策与制度设定的核心目标，就应认可并充分理解基层社会治理层面上辖区居民对于公共利益偏好的异质性特征，以及非政府组织、社区、村组在组织并代表辖区居民表达利益诉求中的作用，同时重视基层民意代表推选机制的不断完善，然而，针对以上问题在我国基层社会治理实践中仍有许多基础性工作有待完善。最后，以绩效为核心的地方政府预算改革尚待深入。地方政府预算制度作为引导和保障辖区公共利益与基层社会治理的重要载体，由于预算治理的控制导向与绩效管理目标缺乏一致性与兼容性，以及相关配套改革不健全，使得地方政府预算绩效管理改革的效果未能充分显现。

第四模块，计量与制度模拟。地方公共服务供给质量的优劣，是否有效满足地区公共服务需求，是辖区公共利益保障与维护水平的核心体现，也是基层社会治理现状的评价标准。只有通过对地方公共服务质量的切实考察，并从多维度的视角展开深入研究，才能较为客观、真实地佐证现实中公共利益维护、基层社会治理及地方政府预算制度存在的问题。本模块的研究逻辑可以阐释为：首先，研究建立辖区公共支出绩效结果测度的技术基础。制定科学合理的辖区公共支出绩效结果测度的指标与方法是展开相关实证研究的基础，指标筛选标准与原则的确立以及方法的适用，在很大程度上决定了问题研究的方向是否坚持了结果导向，是否以地区公共服务供需均衡为目标，是否能够有效体现已有地方政府预算制度绩效改革的必要性。实证中采用主成分及因子分析法、包络数据分析模型等手段对结果绩效展开描述。其次，展开对辖区公共品有效供给的均衡分析。强调结果导向的辖区公共支出绩效测度为衡量区域公共利益维护与基层社会治理水平提供了客观载体，但如何看待和评价以上测量结果，还需要规范的理论标准，书中从辖区公共品供需均衡的视角，引入包括不平等厌恶、累积前景模型等公共服务需求方与供给方的行为特征，研究辖区公共品的有效供给问题，以及由此带来的基层社会治理启示。再次，对影响辖区公共支出绩效变化的因素进行深入研究。确立结果导向的辖区公共支出绩效评价实证基础，并对地区公共服务供需均衡的规范加以研究，已经可以对辖区公共利益保障与基层社会治理状况做出大致判断，然而，问题的研究还远未结束，事实上，无论是辖区居民还是公共部门更为关心的是什么因素导致了公共支出绩效水平的变化，哪些要素促进了绩效增进，哪些要素阻碍了绩效改善，从而对未来辖区公共利益的有力维护给出改革预期。书中通过多选项绩效指数与离散回归模型的构建从客观条件、体制制度、政治因素等多个方面进行分析。最后，对预算制度变革对辖区公共支出绩效改善促进作用进行探讨。在诸多影响辖区公共支出绩效水平变化的因素中，财政制度的考察是其中的重要部分，书中详细阐述了以跨期财政总额控制与适度宽松的预算执行规则为核心要素的地方政府预算绩效管理制度设计对辖区公共支出绩效的影响，以及二者的相互作用。

第五模块，政策建议。围绕地方政府预算绩效管理的全面实施具体提出三个方面的改革对策：一是控制与绩效兼容的地方政府预算制度创新。以往我国地方政府预算绩效管理改革的多方尝试，之所以效果有限甚至流于形式，其中很重要的原因之一是，没能科学地处理好财政投入控制与支出绩效结果之间在预算管理过程中的关系，而要在这一问题上有所突破，必须在预算控权与授权改革、绩效信息公开的预算流程监督、“黄金法则”视角下的预算平衡与项目分类改革、单独设立地方政府债务性资金预算，以及基层社会组织事权重构与政府预算责任保障等方面采取实时性的改革措施。二是地方政府部门预算绩效管理改革的制度承接。部门预算作为地方政府预算绩效管理改革的主要平台，项目支出预算是其承接相关制度创新的核心客体，而公共部门预算内部控制体系改革则为预算绩效管理的顺利实施提供了组织规程的保障，同时，复合型支出标准调整公式的设计体现了绩效结果与支出标准之间必要且可行的关联。三是地方财政体制的配套改革。辖区公共利益的衡量、评判、维护与提升需要围绕地方政府预算制度创新展开全方位的改革探索，同时，也需要根据我国政治体制的特点与经济发展的新趋势配合以地方财政体制的革新，将预算制度与财政体制的改革创新统一在以公共支出绩效改善为核心的辖区公共利益最大化的“初心”目标之上。现实中，以市县自治为主体的地方财政事权与支出责任改革应该成为未来我国地方政府间财政关系的改革核心，而大都市区财政概念的提出将进一步为我国地方财政体制优化提供新的改革思路。

1.4 创新性探索与研究展望

本书运用经济学的研究方法与逻辑范式结合政治学的相关概念与原理，根据我国辖区公共利益维护与基层社会治理实践，以及现代财政制度建设的需要，重点探讨地方政府预算绩效管理改革的一系列问题，力求从交叉研究的视角为我国地方政府预算制度创新做出一定贡献。

首先，在理论问题的研究中，本书重点从辖区公共支出绩效的视角界定了公共利益的基本内涵，将政治学中社会共同利益的概念与经济学中社会共同需要的概念相比较，指出二者在公共利益维护问题上的趋同性，特别是在以地方公共服务及其结果绩效为主要载体的测度描述、支出评价、均衡分析、影响因素挖掘等问题的研究中，确立了以公共支出绩效为核心的辖区公共利益维护量化标准。此外，通过基层社会治理与公共利益博弈中的中国式交易政治假说的提出，深入阐述了基层社会治理在公共需求偏好表达、绩效信息反馈、促进合作行为等方面所能发挥的重要作用。以上分析，跳出财政问题本身从更为广泛的社会视角将公共财政、公共预算、基层民主、公民社会有机地结合在一起，重新审视了我国地方政府预算绩效管理改革中投入控制与结果导向间的主要矛盾。

其次，在改革实践的探讨中，书中突出强调“辖区”“基层”“地方”这一层面的政府预算绩效管理改革，以地方公共服务供需均衡与支出绩效为主体提出改革的“底层设计”方案。书中重点描述了控制与绩效兼容的地方政府预算管理模式，其中以“两松一紧”为代表的预算控权与授权改革、“黄金法则”视角下的预算平衡与项目分类改革、单独设立地方政府债务性资金预算、基层社会组织事权重构与政府预算责任保障、公共部门预算内部控制体系改革、复合型支出标准调整公式的制度、市县自治与大都市区财政体制等系列改革措施的提出为地方政府预算绩效管理的全面实施提供了现实可行的具体改革蓝图与路径，其中不少观点与措施带有一定的创新性。

当然，任何经济社会问题的研究都存在不同的分析视角，政府预算绩效管理问题涉及面广，其复杂性也远超本书所涉猎的内容，书中在很多方面尚未涉及或缺乏深入研究，这也为作者今后的持续研究提供了空间。

具体而言，一方面我国地方政府预算绩效管理改革的历史进程与我国公共财政的建设和发展几近同步，近年来，此方面的改革措施与力度更是呈现出不断加大的趋势，从优化改革路径、切实提高改革效果的视角来看，从不同层面及地区系统总结、客观分析多年来我国此项改革所取得的实际效果已成为今后可以实现且需要展开的一项主要工作，因此，有关地方政府预算绩效管理改革的政策评估应成为未来研究需要持续完成的工作之一。另一方面，由于我国不同地区间的样本差异以及地方相关改革的独特性，使得此项研究需要持续关注我国各个地方最新的改革实践，以及基层社会治理、地方财政体制、政府机构改革等方面的变化，因此，坚持学科交叉、方法多样、尊重样本异质性的综合分析也应成为地方政府预算绩效管理问题研究所应遵循的思维方式。

2 辖区公共利益的核心体现与基层社会治理需求

辖区公共利益是在一定地域空间范围内全体社会成员的共同利益，这种共同利益将给地区内所有居民带来物质与精神上的满足，而能够最为直接且客观地刻画这种满足程度的现实对象，即为辖区公共支出的绩效水平，其直接反映了地方政府通过预算制度所实现的公共资源配置效果与公共利益归宿的现实情况，对辖区公共服务绩效状况的研究也可以看作是对辖区公共利益保障与提升情况的分析。同时，辖区公共支出绩效也是基层社会治理解决公众集体事务民主参与、基层社会组织体系完善、公开透明的信息沟通与反馈机制建设等问题的重要载体。作为以上理论问题分析的回应，地方政府预算绩效管理改革从制度变革的视角将辖区公共利益的归宿分析与基层社会治理的政治需求结合起来，为之后的实证问题研究搭建起核心框架。

2.1 辖区公共支出绩效问题的理论分析

辖区公共支出绩效研究是对地区公共利益核心诉求的量化分析，只有明确了辖区公共品的结果评价、有效供给、影响因素等的基本内涵与主要内容才能有的放矢地展开不同角度的研究。

2.1.1 结果导向的辖区公共支出绩效评价

对于辖区公共支出绩效水平的客观评价是反映地区公共利益保障程度的重要依据，而绩效评价至少包括产出评定、效率评定与结果评定三个层面。其中，产出评定是对已完成工作量的测度；效率评定是对投入产出关系的核算；结果评定则反映了一项公共服务的供给质量，即多好地满足了公民需要。显然，与产出和效率评价相比，结果评定最能反映辖区公共利益维护与基层社会治理的真实水平。

虽然说结果评定最能反映辖区公共支出的实际效果，是公共项目执行结果与目的之间拟合程度的最佳体现，对于整个绩效评定最有价值，但往往设定和收集好结果信息，选择好评定方法与指标也是难度最大的。举个例子：民政部门扶贫帮困部门预算项目的理想结果就是社会困难群体的日常生活和各项权益得到有效保障，就是通过相关部门预算项目的实施促使困难群体和社会有关部门的行为改善。但问题在于民政部门不能就这样进行结果评定，除非标准十分宽松。那么，对于受到民政部门有关项目帮助的困难群体，进行第二次调查和汇报其摆脱贫困的情况则是比较明智的选择。再比如，在冬季供暖的问题上，供暖部门与取暖居民之间是存在服务合约的，但由于供暖部门处于自然垄断的优势地位，合约常常缺乏严格的约束条款，供暖部门与居民间对供暖的实际效果常常无法取得一致意见，结果评定就变得难度很大。因此，结果评定的困难就在于公共服务的提供者与公众之间对于供给程度存在不同认识与标准，如何选择？以及怎样客观计算并反映它们之间的关系？通常结果评定被表达成一个变化的百分比。另外，从辖区公共利益归宿分析的视角，在进行公共支出绩效评价时应注意区分结果绩效和产出绩效，进一步明确各自的内涵和相互关系。比如，公共卫生防疫部门的项目实施引起传染性疾病发生率的下降就是结果绩效，而为此所做的疫苗接种、疾病救治、预防宣传工作则属于直接服务的产出绩效。地区刑事犯罪率的下降属于公共安全的结果绩效，而地区内的警力配置、巡逻次数与时长等则是产出绩效。再比如，环卫部门将街道清扫干净属于结果绩效，而其清扫街道的里程则是产出绩效。

然而，对于进行政府部门预算支出绩效评定的公共部门来说，面对不同内容的绩效评定，很自然会产生这样的疑问：哪种绩效评定更有用？是否存在一种评定优于另一种评定？部门应该选用哪种评定，或是评定组合呢？选择哪种评定的问题核心在于这些绩效评定的结论都要说明什么，想要起到什么作用。比如部门可能会主要采用产出和效率来进行绩效评定，认为它们比结果评定更加准确可靠。产出和效率评定所需要的成本比结果评定要少，能够较容易地被用来计算绩效评定，并加入到部门的预算总结中，而且作为绩效目标的产出评定暗示了如果要为达到更高的目标提供服务，就可能需要更多的资源。还是站在部门角度，可能在未来政府部门预算支出绩效评定中会经常发现，被汇报的评定都有产出评定（如签发的交通违章罚单的数量）和效率评定（每签发一张罚单的费用），结果评定（目标区域较少的交通事故率）则越来越少，公共部门通过自由选择部门预算文件中的绩效评定内容（如产出评定比结果评定要多），来塑造自身的良好形象，并让部门内部人员放心公众将对自己的工作满意。显然，预算周期要求公共部门每年都要汇报绩效评定结果，为了得到好的评价，部门处处维护自身利益，报喜不报忧的情况是很可能出现的。这也说明，结果评定的改善是最为困难的，也最容易引起指责。

正是因为在财政资金使用过程中可能存在的部门利益与公共利益的矛盾，因此，站在辖区公共利益维护的视角上，从结果导向出发展开公共支出绩效评价则显得更为重要。通过地方政府预算绩效管理的制度化改革，将辖区公共支出结果绩效确立为地方政府与基层社会治理的核心要素，从结果设定、结果评价、结果实现、结果问责等多个方面明确改革路径。

2.1.2 辖区公共品的有效供给

通常情况下，包括公共品有效供给在内的最优公共政策制定都是基于需求偏好的同质性假说，但事实上，公众对公共品的需求偏好具有异质性特征。一旦假设前提发生变化，那么，相应的公共政策也应该进行调整。对于可能影响公共服务需求偏好的各类因素，国外早于20世纪80年代就开展了比较充分而深入的研究。在公共服务异质性偏好的决定因素方面，Sanz和Velazquez（1986）通过对OECD国家政府支出构成的分析，得出结论：收入水平是决定公共需求偏好异质性的最重要的因素。然而，近年来也有许多学者开始关注区域环境、文化背景、人口结构、制度安排等特征对公共品需求偏好的影响，而且对以上因素的分析进一步深入到了公共服务消费者的心理动机层面，即引入有限理性因素讨论辖区公共品的需要偏好显示、表达与判断。

具体而言，运用边际效用分析法将公共支出与消费者评价联系起来，是现代公共产品理论的重要特征，在一般均衡框架下推导出的萨缪尔森公共品有效提供条件也正是基于这一分析思路（A. J. Auerbach和M. Feldstein，2002）。然而，萨缪尔森条件只是系统阐述了公共品最优供给的均衡方式，其并未进一步构建出实现这一均衡条件的具体路径，也未回答如何辨析辖区政府与居民之间仅在公共品消费中的局部均衡问题，这就使得公共品有效供给研究的微观基础亟待完善。现实中，依据公共品的受益范围、外溢性以及激励相容等政府间事权与支出责任的划分原则，地方政府负有大多数公共品的供给责任，而如何实现充分满足辖区居民公共服务需求的有效供给则是地方政府及其各个公共部门所应有和不懈追求的职责体现。总结相关文献不难发现，辖区公共品有效供给研究大体可归集为以下两个层次的问题：第一，辖区公共品供需双方满意程度的度量依据与标准的选择；第二，在明确第一个问题的前提下，如何分析辖区公共品供需两端的局部均衡及其影响因素，并以此为基础，进一步综合探讨一般均衡以及实现的最优条件问题。

针对第一个问题，目前，对于辖区居民公共品供需的度量依据主要有三类标准：一是以具体公共品的地区需求总量、人均需求量，以及财政投入总量、人均投入量等数量水平为标准（Borcherding 和 Deacon，1972）；二是基于辖区居民公共需求偏好与政府供给偏好的效用水平对地区公共品的需求满足程度予以度量（Brueckner，1982）；三是从辖区公共支出绩效与居民公共品绩效诉求的角度衡量地区公共服务的效果（Woodruff 和 Gardial，1996）。依据新古典主义和公共选择理论的研究范式，以上三个度量依据中的数量与效用标准已经较为普遍地应用于区域性公共品的最优供给分析，如对“中间投票人”需求意愿的描述（James M. Buchanan，1972）、辖区政府偏好的解析（M. Dewatripont，1995；汤玉刚、赵大平，2007）、供需双方个体间异质性的判断（E. J. Brunner，2010；王永钦、许海波，2010）、地区公共品成本分担的主观倾向（G. S. Adams，2012）等，而绩效标准则多见于公共品供给侧的财政支出评价与政府预算管理制度的绩效改革（K. Angelopoulos，2008）。事实上，数量标准更多是从供给决定需求的角度衡量地区公共服务效果，供给方产出水平的高低成为测度的主要依据，而效用标准则更加注重公共品需求方主观意愿的估计，并往往结合数量标准，从需求偏好的满足程度上判断供给效果。可见，数量标准的需求考量不足，产出水平的简单被动评价也未能全面反映出辖区公共品的供给效果，而效用标准虽然意识到了单纯数量标准的不足，但由于其更加关注对辖区公共品供需主体主观偏好的探寻与表达，使其在公共服务效果的客观说明上又显得不够有力。因此，绩效标准的出现恰恰弥补了以上两种标准的缺陷，其既体现出了需求方对公共支出结果的本质要求，也反映出了现实中供给方财政投入的真实水准，同时，以绩效为载体将辖区公共品供需双方的偏好与诉求统一在一个标准下展开分析，不分从属，为辖区公共品的均衡研究提供了一个崭新的平台。

在辖区公共品的局部均衡与一般均衡研究中，需求方分析在秉承“中间投票人”理论的同时，逐渐重视地区居民的社会角色及个体异质性对投票结果与公共品最优供给的影响。传统的公共选择理论认为，公共品的最优供给实际上取决于中间投票人对公共品的需求，而基于行为与实验经济学所取得的研究成果，通过对辖区居民公共品需求的异质性细分，进一步将不同个体或群体的社会、风险、时间等偏好差异因素考虑其中（A. De Oliveira，2012），使得研究更为贴近现实，因此，这类分析也被称为公共品局部均衡研究的需求模型。同时，供给方分析则往往假设政府以最大化某种社会福利函数为目标（Arrow，1958；John B. Rawls，1974；Richard A. Musgrave，1998），这种社会福利函数通常以包含地区人口、居民收入水平、财政投入等要素在内的综合性效用函数体现，也可能表现为政府的公共品供给政策或投入效果在辖区居民中的受欢迎程度，同时，以累积前景理论为代表的心理行为模型也正逐渐被引入政府公共品供给的偏好与行为分析中（D. Kahneman，1991；马蔡琛等，2015），此类模型中，公共品供给的局部均衡实现主要取决于地方政府的最优决策，因而此类模型也被称作供给模型。可见，无论是需求模型还是供给模型的局部均衡分析多是以政府投入的产出数量为基础的效用函数分析，而以公共支出结果绩效为核心的最优供需效用研究则并不多见。显然，由于绩效标准对辖区公共品供需偏好信息更为集中、全面、客观的反映（苟燕楠，2013），将其作为连接需求模型与供给模型双方的系统性纽带变量更符合最终辖区公共品一般均衡研究的要求。此外，由于供需两侧各自的局部均衡分析暂未将对方因素考虑在内，且辖区公共品需求绩效与供给绩效之间由于主体不同、影响偏好的因素不同、分析模型的差异等原因使得单一的局部均衡分析很难将地区公共品的最优资源配置问题解释透彻，于是，将供需绩效模型有机地结合在一起，实现双方绩效追求的彼此适应和相互约束，才是辖区公共品有效供给问题研究的逻辑终点。

同时，随着 Herbert Simon、Maurice Allias、Daniel Kahneman 和 Richard Thaler 等心理学家分别于1978年、1988年、2002年、2017年获得诺贝尔经济学奖，行为与实验研究针对传统经济学中个体“理性决策”行为假说进行了诸多修正与改进，加之 Ronald Coase 等经济学家对“理性人”定义的反思，个体“有限理性假设”，甚至“非理性决策”对古典经济学理论体系的冲击越来越大，以至于2015年世界银行发展报告的主题选定为“思维、社会与行为”，其中将人的决策系统概括为自动思维、社会思维与心智模型思维三大原则，并强调从心理和社会角度评判公共政策。正如 Bowles（2003）所言，个体偏好是行为的理由，它包括心理倾向、社会规范、情感关系、习惯、承诺，甚至口味等各种因素。那么，如果能将理性及非理性的个体偏好恰当地融入经济研究中的效用分析，则对于完善并拓展现有的经济学研究范式十分有益。事实上，从微观角度看，辖区公共品最优绩效研究恰恰为偏好与效用的有机结合提供了良好契机。本书暗含了一个从辖区公共品供需主体绩效偏好到效用实现的重要函数表达假说，即首先承认绩效偏好的客观性，之后在绩效偏好的满足过程中产生了效用，而通过实证分析证明效用正负与大小又会反作用于绩效偏好本身。具体而言，在辖区公共品需求效用函数的构建中，模型认为公共品消费者的个体决策除了要实现“经济人”基于私人品与公共品之间最优配置下的效用最大化外，还要追求社会公平的“互利”，甚至“利他”需要（Charness 和 Rabin，2002；Kohler，2003；Falk 和 Fischbacher，2006），以及跨期决策问题，这些因素都会影响到消费者对公共品绩效的需求，由此，模型纳入了不平等厌恶系数、长期与短期时间偏好系数这些“非理性”决策要素，而在辖区公共品供给效用函数中，基于公共品供给绩效考量的辖区政府并非如 Downs（1968）、Niskanen（1971），以及 Dunlevy（1991）所认识的，以预算最大化或地位与工作质量最大化为效用最优的唯一标志，而是还要考虑到在相应的预算管理制度下公共支出绩效结果的风险偏好问题，对于不同绩效结果的价值判断以及权重赋值同样可能体现出“非理性”决策的特征，因此，依据累积前景理论在辖区公共品供给效用函数模型中引入了风险厌恶程度、损失厌恶系数，以及风险偏好概率值这些要素。显然，如果说现代公共品理论建立起了公共支出与消费者评价之间的逻辑关联，并为公共品有效供给研究提供了宏观框架，那么，基于居民合作意愿并纳入辖区政府行为范式的公共品供需偏好与支出绩效综合研究，则将公共品供需双方的行为分析进一步引向深入，并建立起了公共品有效供给问题研究的现实路径，开拓了这一领域研究的微观视野。

2.1.3 辖区公共支出绩效的影响因素分析

从公共经济学与公共管理理论的发展历程来看，有关理论层面上公共产品有效供给问题的研究与实践中公共支出绩效水平的分析二者之间的关联一直备受关注。长期以来，公共产品均衡分析中所依据的理性人假设及帕累托最优准则对现实中公共需求偏好的形成与异质性问题的存在始终缺乏足够的解释力和实践证据，而基于实验方法和行为经济学的研究成果，人们对公共产品的消费偏好与决策，不仅仅取决于利益驱动，还在很大程度上受到社会规范、传统认知、集体行为模式等社会偏好的影响。从凯恩斯的“货币幻觉”，到西蒙与哈耶克对人决策局限性的假说，再到赫希曼重视人的合作动机与忠诚，直至卡尼曼在假设理性方面的贡献，人们对人的心理因素在公共决策中的复杂性认识在不断深入。这都说明重视社会思维与集体偏好的形成和引导，一方面将开创性地促进公共资源的有效配置，另一方面也在一定程度上缓解了人们对理性人假设下公共产品有效供给模型缺乏现实说服力的焦虑。

那么，在公共管理实践中什么因素能够对社会偏好产生重要影响呢？首先，站在公共需求的角度上，科学的政府预算执行制度以及公共支出绩效考核机制将帮助人们构建起全面、客观的理解政府行为的解释框架，从而尽量避免个人在公共产品消费方面的认知偏差及其带来的负面互动响应（Fehr和Hoff，2011）。更重要的是，从公共产品的供给角度出发，详尽、合理的公共支出绩效考评机制设计、公开透明的绩效信息披露，特别是绩效影响因素的深入分析及反馈，将为公共产品博弈中条件合作者队伍的不断壮大提供制度保障，并有助于公共需求偏好的真实表达（Martinsson，2013）。可以预见，当公共支出绩效问题越来越多地受到重视并不断得到改善时，随着公共产品消费者的满意程度逐步提高，条件合作者的合作意愿、水平和范围也将得到进一步的激发和提升，从而逐渐形成各种有利于公共利益最大化的社会偏好，而这种社会偏好还将长期稳定地反作用于个人的公共消费决策，进而形成一种良性循环（Fischbacher，2002）。也就是说，关注公共支出绩效问题，是从公共产品的供给结果分析入手的，通过彼此合作的社会制度环境的营造，形成一种公共资源有效配置的逆向保障机制，并为公共产品有效供给问题的研究初衷与现实情形间差距的缩小做出贡献。

对公共支出绩效问题的理论研究存在多重视角，其中对公共支出绩效水平影响因素的关注、理解与评判，既是制定公共政策的重要依据，也是分析社会偏好形成及其表现的主要基础。那么，影响当前中国地方政府主要公共支出领域绩效水平的关键因素是什么？为什么是这些因素？纵观公共支出绩效影响因素研究的相关文献不难发现，政府预算理论、契约理论、公共价值观，以及相应的实证研究都对其进行过不同角度的探讨。首先，政府预算理论最早认识到体制机制因素与政治因素对公共支出绩效的影响。从渐进主义预算理论及其反对者的争论中可以看到，影响公共支出绩效水平的因素不仅在于政府预算执行本身，而是更多地取决于预算绩效与民主政治之间的关联（Rubin，1989）。同时，不应将政府预算仅仅视为防止资金被盗用和控制支出的闸口，还应更多地思考如何通过政府预算制度本身的绩效化改造以及体制改革，从而以绩效结果为基础向公众提供更符合社会偏好的更有价值的公共服务（Mikesell，2002）。在改革实践方面，正如Mccaffery（2005）等人对绩效预算改革的观察与总结，政府预算制度的合理进化与财政体制改革的配合是对公共利益和民主政治的最佳保障。其次，契约理论进一步强调了体制机制要素的重要性。Holmstrom 和 Milgrom（1991）指出，代理人所做出的贡献是否存在机制上的可测量性，可测量的程度如何，以及测量信息是否具有公共性，将会对委托人的绩效预期产生重要影响。同时，Lane（2001）更为明确地提出财政体制与机制的绩效改革将在公共治理、预算绩效提升，乃至公共代理人选择中具有重要作用。再次，公共价值观的倡导者们从社会公民的角度再次将影响公共支出绩效的原因指向政治因素。以公共价值为基础的公共支出绩效考察必将超出效率分析的范畴，它将更为关注集体表达和政治协调后的公民偏好，及其对绩效的反作用（O’Flynn，2007）。最后，相关实证文献多采用客观因素分析其对公共支出绩效的影响，如财政投入、人口密度、受教育程度、人均GDP等，并多见于DEA（数据包络分析法）或FDH（无界分析法）等非参数方法的使用上（Borge，2008）。

可见，深入分析并把握公共支出绩效的影响因素，已经成为当今社会治理实践中构建“绩效契约”和“财政问责”制度的核心问题。但从国外现有文献看，针对某一特定经济体，综合以上各方因素展开实证分析的文章仍并不多见。

从中国的相关改革实践来看，从2001年开始，政府预算支出的绩效评价工作已在我国各级政府中逐步展开，2010年之后相关改革开始不断提速，中央层面出台了《预算绩效管理工作规划（2012—2015年）》以及《预算绩效评价共性指标体系框架》（2013）。近年来，一些地方甚至已经开始探索向绩效预算转型的方式与具体路径。然而，改革者对于哪些因素能够推动公共支出绩效水平提升或是抑制其下降，以及影响程度如何等问题的认识仍存在一些误区，如简单地认为只要不断加强政府预算支出控制就能够提高公共支出绩效；公共支出绩效水平主要取决于辖区的客观经济条件；政治改革对公共支出绩效的推动应显著高于其他要素等。事实上，从理论研究的角度不妨将以上主观判断作为问题研究的部分假设，用以佐证和比较实证分析的结果。针对上述问题，国内学者主要侧重于制度改革层面的规范分析。一是强调通过政府预算制度改革，将绩效目标与部门职能、预算编制同步确定，公共支出在预算执行阶段可适当放松投入控制，允许支出执行部门在预算额度内围绕绩效目标相对灵活地统筹资源，以达到提升绩效水平的目的（苟燕楠，2013）。二是建议通过问责和奖惩机制的构建，使公共部门产生自动抵制预算寻租的动力，从而实现更高水平的公共支出绩效（马蔡琛和沈雁寒，2012）。同时，在有限的实证文献中，人均GDP、人均财政支出、人口规模、城镇化率、时间动态变化、空间差异等客观因素的分析，构成了解释中国区域公共支出绩效水平差异及变化的主要内容（李超显，2012；田发和周琛影，2016）。

2.2 基层社会治理视角下的辖区公共利益维护

所谓基层社会治理是指基层社会的治理主体以相对平等的身份，就基层社会公共事务进行合作共治，通过社会关系的协调与社会行为的规范，解决社会矛盾、维护社会公正，保障社会公共利益得到持续改善，从而促进社会稳定与发展的活动。在社会不同的发展阶段，政府将根据社会的现实状况遵循不同的社会治理原则与途径，采取不同的程序和方式，形成不同的治理模式。基层社会治理不同于国家治理，由于基层社会组织的法律地位与组织属性，其更多地强调沟通协调、平等协商、求同存异、善治优先、合作共赢。基层社会治理作为辖区公共利益归宿研究的社会载体，其组织形式、治理框架、制度依托等研究将极大地拓宽辖区公共品绩效问题的分析视野，辖区公共服务供给过程中的合作行为分析具有中国特色的交易政治假说，以及地方政府预算绩效管理改革的主要矛盾等内容的深入研究都将为绩效化的辖区公共利益实现提供理论支撑。

2.2.1 辖区公共品提供的合作行为分析

人类的合作行为通常被视为进化过程中的"通天塔"，也是语言、情感、社会关系产生的重要因素，是人类社会的标志性特征，公共服务的需求与提供也正是基于人与人之间的合作理念才得以存在的。基于行为与实验经济学的不断发展，许多学者尝试对公共品供给过程中的合作及亲社会行为进行解析，包括异质性、互惠、惩罚、信任、顺从、社会偏好、利他主义、亲缘选择等内容，可谓对人的思维方式的研究越发细致，这为准确有效的公共政策的制定提供了更为现实的理论基础。

显然，不同民族、宗教信仰、地域、文化背景，以及经济发展水平的个体与群体之间所体现出的合作行为特征是存在显著差异的。以中国样本为依据的相关研究成果显示"弱势"会导致亲社会行为，即在面对自然力量、外部强势时群体内部的个体更关注合作选择所带来的公共利益最大化。当然，这一"弱势"假说是基于集体内同质性假设而提出的，然而，现实中集体内异质性的存在应是一种常态，因此，当集体内存在弱势与优势两方集团时，集体的行为很可能出现两种完全不同的结果：一是弱势一方认可优势一方在集体内的地位、能力、水平，并认为可以通过与优势方的合作实现利益最大化，同时，优势一方也存在明显的优势不平等厌恶，从而在集体的角度体现为亲社会的合作行为；二是弱势一方不认可优势一方的思想、理念、行为，并将自身弱势的原因归咎于优势方，从而在集体行为中表现出对优势方的不满、抱怨，甚至是对抗，集体合作行为也就难以呈现。因此，在以辖区公共服务供给为代表的公共决策制定过程中，如何促成集体合作行为实现公共利益最大化应是我国基层社会治理的重要内容。

如果说，集体中的“弱势”与“强势”群体普遍具有亲社会偏好，那么，基层社会组织的存在与运作宗旨就是推动辖区居民公共服务供给合作行为的有效组织与制度完善。以公共服务供给为例，如何克服公共品受益的非排他性所导致的搭便车问题，是经济学家对“人类社会如何有效合作”的具体思考。按照传统的“经济人”假设，公共品要么通过权力让渡由政府提供，要么引入排他机制由市场提供。不过，市场会失灵，政府同样也会失效，这种“非市场，即政府”的二元逻辑已经严重地局限了制度创新的思维（周业安，2009）。就此困局，行为经济学在“弱互惠”理论的基础上，进一步提出了“强互惠”的概念，即人们普遍具有一种“以善报善，以恶报恶”的心理倾向（Bruni，2008）。所谓“强互惠”，是为了区别其他如互惠利他主义、间接互惠以及由重复交往或积极分类所维持的安排个体自利行为交往的“弱互惠”（Bowles、Gintis，2003），显然，“弱互惠”仍然强调自利动机，是博弈方在给定竞争对手策略时的最优策略选择，而“强互惠”则强调互惠允许博弈方选择次优策略，即当对手选择合作时，强互惠者不是选择搭便车而是合作，当对手选择不合作时，强互惠者不是置之不理，而是不惜花费个人成本对其实施惩罚，即使这些成本得不到预期的利益补偿（Chaudhuri，2011；Guala，2012；韦倩，2010）。

这里需要强调的是，建立有效的奖惩制度是强互惠的核心内容。近年来社会治理理念逐步确立，一方面在各个公共服务领域建立基层民意表达渠道、完善公众监督机制，降低了个体实施利他惩罚的成本，优秀的集体合作案例同样得到颂扬和褒奖；另一方面不断强化以国家强制力量为后盾的公共奖惩，包括法律层面上对个人损害公共利益的不合作行为予以制裁，对合作行为给予奖励，也包括在制度层面上对政府部门在公共利益维护中的合作行为及其绩效表现的奖惩。强化私人奖惩与公共奖惩的互动，实现私人奖惩与公共奖惩的有效耦合，这必将凝聚成强大合力，对破坏环境资源、危害食品药品安全等侵蚀公共利益的行为形成强有力的威慑，同时，鼓励个人和公共部门在评估个人利益、部门利益与公共利益关系时，积极主动地采取合作行为。总之，积极发挥群体间以及居民与公共部门之间的强互惠特质，不断增强制度化的奖惩能力，是社会变革的强大驱动力所在，也是辖区公共服务合作供给等基层社会治理创新的有效抓手。

除了奖惩制度对辖区公共服务合作行为的推动以外，从公共品理论及其相关的供给行为博弈研究和发达市场经济国家与经济转型国家的改革实践可知，强调地方政府、基层社会组织、私人部门、民间团体之间的多边合作是在有限区域内公共服务供给实现优秀绩效、公共利益得到切实维护的现实路径。对于地方政府而言，在区域公共服务供给中不断增加与企业和基层社会组织的合作，除了开放的管理理念、民主思维的树立，也有其政治利益的考量。地方政府通过对以预算制度为代表的规则程序的不断完善，全方位地拓展与企业、基层社会组织、民间团体在辖区公共服务供给中的合作可能性十分有利于增强政府部门与公共服务对象、市场供给方、民间组织之间的联系，可以最大限度地消除公共服务供需双方的信息不对称问题，在“知己知彼”的信息环境下提供的公共服务能够较好地实现公共资源的有效配置。比如，政府部门可以通过公共民意表达渠道、基层社会组织、市场中介机构、民间团体多个方面获取辖区公共服务的真实需求信息，从而科学制定基本公共服务水平与差异化供给政策。同时，地方政府通过对市场化方式公共服务供给的规范化管理，一方面，为相关企业创造了商机，并且通过以公共利益最大化为基础的质量标准与绩效目标的制定引导了各领域的行业发展；另一方面，通过对基层社会组织、民间团体公共利益诉求的听取与回应，建立起常态化、制度化的直接对话机制，加深了彼此间的了解，消除不必要的误会，增进了互信，有利于树立亲民、勤政的政府形象，这为地方政府的政绩获取及相关政治利益的维护夯实了基础。

2.2.2 基层社会治理与公共利益博弈中的交易政治假说

辖区公共利益最大化目标的实现既要符合经济学中资源配置与供需均衡原理，更要尊重不同国别政治体制的现实情况，所谓辖区公共服务绩效或公共利益的最优，应是遵循利益博弈规律的相对均衡。

交易政治观是新政治经济学的三大理论基础之一，新政治经济学家从交易的视角分析政治现象和政治过程，对集体决策规则、选举-投票、政府失效、财政赤字、利益集团行为、寻租和腐败以及控制方式等问题做出了比较令人信服的解释。交易政治观在经济人假定基础上，利用交易经济学的方法和观点分析特定的政治现象和政治过程，具有自己独特的分析方法和分析对象，并得出了诸多有益的启示。交易政治虽是植根于西方政治传统的分析范式，但其对人性与利益博弈的研究十分值得持续坚持经济体制与政治体制改革的中国借鉴学习，如何从理论上修正交易政治观的不足，使其在研究规范上更接近真实的利益诉求与政治平衡，并结合中国改革的实际情况构建起具有中国特色的交易政治模型假说可作为未来国内学者研究公共利益博弈问题的重点内容之一。

基于中国政治体制在地方政权组织形式中的特点，非政府组织的发展现状，以及我国财政体制、预算制度的改革趋势，可以将具有中国特色的交易政治模型假说的主要内容和逻辑关系通过图2-1表示出来：

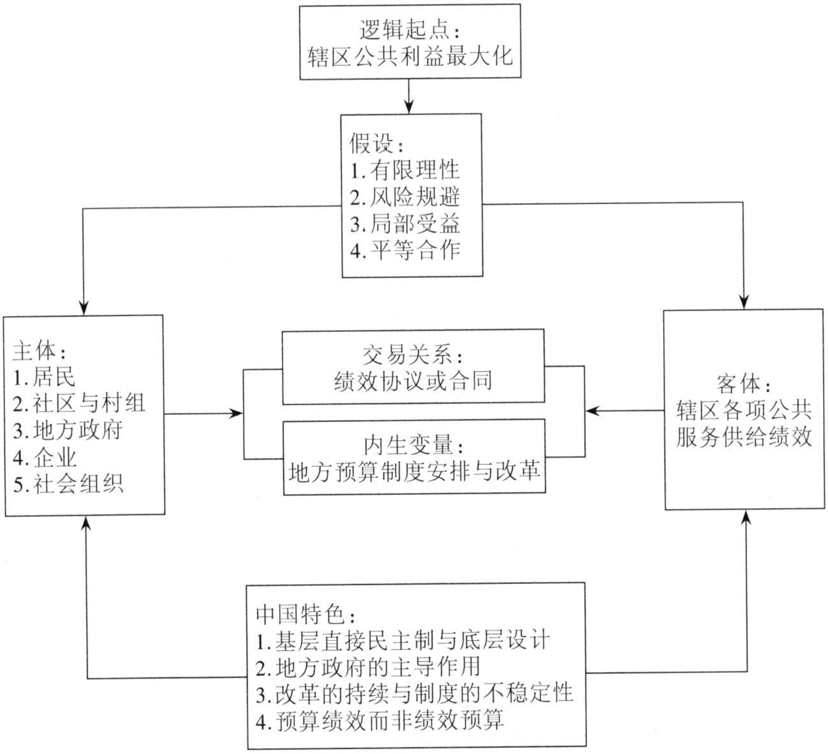

图2-1　中国特色交易政治模型假说

第一，模型构建的逻辑起点与目的是刻画符合辖区公共利益最大化目标的中国地方公共服务有效供给的实现过程。中国改革开放以来的社会实践证明，制度创新与民主进步多是源自地方民众自发的利益诉求与探索实践，因此，研究我国的公共利益问题首先应以有限范围内的辖区公共服务供需为对象，从而将公共利益的体现、归宿与评判的主客体具体化为某一地区的有关要素。

第二，模型的理论假设充分考虑到了传统交易政治观的理论局限与中国交易政治参与方的心理特征。首先，通过“有限理性”假设弥补了传统交易政治观对人性假设的缺陷，指出我国地方公共服务供需各参与方在坚持理性决策的同时，主观上存在同情、怜悯、合作、集体主义、道德推崇等亲社会偏好，客观上由于信息的不充分与不对称也很可能进一步促使人们各种利他主义行为的出现，因此，无论是公共服务的需求方还是供给方，其在公共服务供需方面的决策都是一个“理性”与“非理性”相互作用的综合结果，需求方不仅考虑自身在私人品与公共品消费之间的平衡，还会考虑其在公共品消费过程中辖区内其他人的受益情况，这种考虑甚至还会受到时间等因素的影响，如果跳出单个人的假设，从社区或村组的角度，这种利他主义的非理性考量将更为突出。而作为供给方的地方政府也未必完全像尼斯坎南模型所描述的那样，一切公共服务的供给行为以部门预算规模最大化为根本利益，通过优良的公共服务供给绩效获取辖区居民的良好口碑同样符合基层政府对政治利益的诉求。对于企业而言，利润最大化也会通过彼此信任的多方合作关系的建立，勇于承担社会责任的企业声誉的提升，逐渐转化为将参与公共服务生产与提供视作自身长远发展、收益有限但稳定的重要业务构成的成长战略。其次，在辖区居民与政府的公共服务供需绩效追求中，风险因素的考量也将修正完全理性假设。辖区居民会衡量自身在公共服务成本分担中的“不合作”行为可能给自己带来的负效应，地方政府也会考虑出于完全理性的自利决策可能导致的绩效水平波动会给本部门带来预算惩罚的后果，因此，风险规避假设进一步完善了模型理论规范。再次，模型以辖区公共利益的维护与改善为研究对象，将观察目标设定为中国式的地方公共服务供需均衡的底层改革设计与路径选择，即通过公共服务受益范围的限定（如社区和村组层面的集体决策），最大限度地强调区域内公共利益总体目标一致性的促成，以及供给绩效水平基本目标、改善目标与福利目标的异质性交易制度的建立。最后，模型假设辖区公共利益各相关方以相互平等的地位参与到公共服务的供需合作中来，换句话说，各方拥有独立的决策权、选择权与评价权，除以税收方式分担公共服务供给成本外，不存在强制的政治交易。

第三，模型主体包括参与地方公共服务供需的多个对象，基于我国的基层政权与社会组织构建的民主形式与存在方式，可以详细分为辖区居民、以社区或村组为代表的基层社会组织、地方政府及其公共部门、私人企业，以及非营利性的民间社会组织。客观地讲，由于以上五个参与主体在公共服务供需过程中的利益诉求与偏好存在差异，因此，也就为交易政治的出现提供了前提。从辖区公共服务的供需均衡角度来看，可以将以上五个主体分为三种类型。首先，辖区居民与以社区或村组为代表的基层社会组织可一并视为辖区公共服务绩效需求的初始一方，也是公共利益维护与最终归宿的一方。根据《中华人民共和国城市居民委员会组织法》与《中华人民共和国村民委员会组织法》，我国城市社区与农村村组的选举与组建采用的是直接民主模式，虽然我国的行政管理体系对直接民主制的影响仍较为显著，社区与村组普遍对基层政府存在服从、遵循的半官僚心态，但向下负责的组织本质决定了其在公共利益诉求方面与辖区居民的一致性更为突出。在我国，二者的交易政治筹码虽然不以直接民主制下的选票形式得以呈现，但可以通过对公共服务绩效的反馈与评价，以法治化、制度化或舆论化的方式影响公共服务供给方的政治利益、经济利益，甚至是预算分配。其次，地方政府与参与公共服务供给的私人企业可视为另一类参与主体。二者通常以公共服务的生产者与供给者的身份影响辖区公共利益的优劣，显然，公共服务供需双方的利益诉求很可能在具体服务供给过程中产生差异，就地方政府而言，公共部门利益最大化（如预算规模最大化）就难以与辖区居民或其基层社会组织的公共利益最大化完全吻合，而私人企业对利润的追逐更容易出现偏离公共利益目标的情况。如何在利益差异中寻求均衡，从而实现辖区公共利益的有效维护与优化呢？这就需要再次强调公共服务的政治属性，就其生产与供给方而言，不仅需要考虑经济利益、部门利益，还要将政治利益纳入其效用函数。公共服务供需均衡中的交易政治模型并非将各参与方的利益追逐均视为“完全理性”，而是“有限理性”前提下的政治博弈均衡，换句话说，各方利益均是一种综合效用的体现。地方政府的交易政治筹码主要是通过规制、制度与政策的制定为优秀公共服务绩效的产生创造条件，并间接获取辖区居民的信任，同时，地方政府也将利用其在公共决策上的权威，引导民营企业主动参与公共服务的供给合作。民营企业则以资金、专业技术、管理手段等要素作为交易政治筹码，通过良好的公共服务供给合作关系的建立，为企业的长远发展奠定可靠的政治基础。最后，将非营利性的民间社会组织作为第三类主体，其原因在于此类参与方兼具公共服务需求信息表达、传递和组织供给的双重身份，其对辖区公共利益的影响也就来自于供需两个方向。简言之，其交易政治的筹码既体现为能够代表辖区居民与基层社会组织有针对性、专业地、有社会影响地向公共服务供给方表达公共利益诉求，也表现为可以帮助公共服务供给方获取需求信息、引导需求偏好，同时，其自身作为公共服务第三方供给者还可以弥补地方政府在公共服务供给中存在的不足，如社会保障边缘群体、环境保护监督、文化知识传播等。非营利性民间社会组织的这些能力可以让其在公共政策制定、制度改革、公共利益维护中获得政治影响力，其也会在公共服务供给合作中不断寻求自身社会影响力的扩大。

第四，模型的分析客体确定为辖区各项公共服务的供给绩效。从行为经济学的角度，交易政治模型中各方参与主体用以利益交换的筹码可以分为理性筹码与有限理性筹码两大类。理性筹码包括选票、政治主张、部门权利、预算分配、社会影响力等，有限理性筹码则包括利他主义的合作行为、亲社会偏好、集体主义的政治信仰、慈善捐助等。事实上，无论是理性筹码还是有限理性筹码的价值判断、交易运用、效果显现，从根本上说，都将具体地体现为辖区中不同公共服务的供给绩效水平，交易政治的各参与方将以此作为评判交易效果和调整未来交易行为的重要参考依据。显然，这里所指辖区各公共服务供给的绩效水平以结果绩效为主而非简单的产出绩效或效率绩效，因为只有结果绩效才是交易政治各方所最终关心的，辖区居民及基层社会组织会以此形成对政府公共部门以及政治首长的口碑评价，地方政治负责人以此获取辖区民众的政治信任，行政部门以此作为自身政绩成果的重要证明，各项公共服务的生产者则以此构建起企业的诚信形象，为长期合作奠定基础，而社会公益组织则以此判断公共服务供给缺陷，定位自身社会影响力的来源。同时，以辖区各项公共服务供给绩效作为交易政治模型的分析客体，可以在一定程度上化解不同辖区在政策的具体执行、制度改革、体制特殊性等方面存在的差异，以相同或相近的研究对象、评价体系分析模型假说。

第五，模型的核心内容为交易政治各参与方以公共服务绩效为客体的具体交易关系，即绩效协议或合同的形成与约束，同时，应深刻理解作为主要内生变量的地方政府预算制度安排与改革对绩效合同的生成、执行、监督、立法采信、政治博弈等所起到的关键作用。首先，任何公共服务绩效协议都不是单纯的商品或劳务供需合同，而是兼具政治利益考量与有限理性行为的多方合作条约。公共服务绩效协议的设计应具有普遍标准化合约的优点，同时考虑到不同公共服务的特殊性，如其中应包括具体的服务供给目录、提供量、生产标准、时间要求与结果绩效评定指标，服务的生产方、验收方与提供方，具体的资金来源、提供方式与单位成本核定，合同执行效果的奖惩与争议处理等一般条款。由于辖区范围有限，信息采集与反馈的成本较容易控制，便于各参与方直接对话，因此，公共服务绩效协议在某一地方基层政府区域内交易形成具体合同关系，各方约束条件也得以实现。具体而言，辖区公共服务绩效协议可以分为“政府-企业-社区”“政府-社区-居民”“社会公益组织-社区-居民（政府）”等类型，虽然不同类型绩效协议的参与方不同，但在谈判、磋商、投标竞价的过程中所形成的绩效合同体现了各参与方对合同条款的法律认可与信用承诺，其表现出的是相互信任，彼此欣赏，以及通过合同条款所形成的不同利益诉求同化为共同利益的合作行为过程。绩效合同中所形成的承诺、激励、监督、授权与信誉等机制，充分反映了各参与方以公共服务绩效为载体的政治利益交换诉求与实现方式，政治声誉、群众口碑、部门政绩、预算分配、企业信誉、社会影响力等都将通过绩效合同的具体条款实现交易政治的初衷。其次，法制化、制度化的辖区公共服务绩效协议不仅为交易政治提供了规范化的行为载体，也为公共服务的需求方提供了多种选择。以绩效合同为依托，社区及辖区政府可以通过公开、透明的采购、谈判、征求意见等方式获取企业、社会公益组织、事业机构、群众自发团体的多种参与供给方案，甚至是多个主体的联合供给方案，在此基础上综合历史、资金、时效、发展阶段等因素，比较选择出能够实现最高水平绩效且最为可行的供给方案。显然，这种标的物明确、制度载体客观的公共服务供给方式十分有利于辖区公共利益的最大化。最后，以公共服务绩效协议为核心的辖区交易政治必须建立在地方政府预算制度安排与改革创新的基础上。众所周知，政府预算既是政府财政资金收支行为的具体安排，也是以法律形式确定下来的政治利益分配结果，因此，如果说公共服务绩效协议反映了各参与方政治利益诉求的交易关系，那么，辖区政府预算制度中对公共服务绩效协议的具体定义与管理制度的规定将在很大程度上决定这一模式能否体现交易政治范式，并在实践中推动以多方合作为主旨的公共利益提升。显然，只有在部门预算管理、预算绩效管理、政府采购、国库集中支付制度、预算平衡机制等方面的地方政府预算制度改革与创新中将公共服务绩效协议作为一种不可或缺的重要法律文件贯穿始终，才能保证具有中国特色的交易政治模型假说获得现实认可。事实上，我国许多地方财政部门在部门预算中的项目支出预算管理、政府采购、预算绩效管理改革中已经尝试将绩效合同的拟订与执行管理作为预算管理的一种手段，但大多数仅限于政府部门内部之间，更宽范围的拓展并不多见。

第六，模型突出中国式的民主政治特点以及改革特色。首先，模型假说中的交易政治范围被设定为某一地方政府辖区内，这是因为我国的民主政治以民主集中制的间接民主制为特征，这符合我国的具体国情也是历史经验的总结，然而，我国的民主集中制的特点是先民主后集中，反映在具体政治生活中，即城镇的社区、农村的村组等基层社会组织的构成普遍采取的是直接民主制，也正因如此，以辖区公共服务绩效为客体的交易政治在中国的地方政府辖区内才能最大限度地囊括所有参与主体，构成完整的交易链条。当然，区别于我国其他公共政策与政治制度的改革往往需要顶层设计的安排，书中模型的构建则更多需要的是底层民主制度改革与设计创新。其次，虽然模型试图理论化地对地方公共服务供需过程中可能形成的交易政治加以描述，但不可否认的是，当期乃至今后相当长时间我国地方政府在辖区公共服务供给中仍将扮演主要角色，发挥主导作用，因此，从研究的可行性角度来看，以政府公共部门及其预算资金的分配和使用为重点的绩效分析仍十分重要，同时，应注意到政府行为对其他辖区公共服务供需方的正面或负面影响。再次，由于我国政府预算制度始终处于不断改革与优化的进程中，而且强调绩效与民主的预算改革已经成为各界的共识，因此可以较为乐观并具有开放性地提出改革建议。最后，从我国国情出发，交易政治的客体对象应为“预算绩效”，即使用政府财政预算资金的结果绩效，而非“绩效预算”，也就是说，辖区政府预算分配不是以预算执行的绩效结果为唯一依据的，而是要综合考虑辖区公共服务的基本需求变化、绩效改善程度、地方财力增减等因素。显然，与发达市场经济国家地方财力充裕、供给多元化、预算约束有力等因素相比，将我国的交易政治模型假说上升到“绩效预算”改革的高度还不现实。

2.2.3 地方政府预算绩效管理改革的主要矛盾

地方公共服务供需的多边合作以及具有中国特色的交易政治假设为我国辖区公共利益维护研究提供了部分理论指导，而从制度演化的视角来看，地方政府的财政收支活动与预算安排既是基层社会治理的制度保障，也是改革创新的目标导向，直接影响到辖区居民对公共服务消费质量的评判、行为的决策以及政府公共资源的配置效率，因此，为实现辖区公共利益最大化，保障地区居民最大限度地获得公共服务所带来的利益，现实中，以辖区公共支出绩效为核心的政府预算制度改革已成为实现以上目标的主要抓手，而正确认识、客观面对我国地方政府预算绩效管理改革中投入控制与结果导向之间的主要矛盾，分析二者之间并存的原因、兼容的可能性、转化的历史趋势等将为相关实证检验与政策制定提供必要的理论支撑。

从我国地方政府预算支出管理改革的历史演进中可以看出，虽然改革呈逐步深入的态势，但仍没有彻底摆脱传统投入控制型的预算支出管理模式。作为一种预算资金分配方式，投入控制型预算支出管理模式具有以下两方面的主要特征：一是强调预算支出控制。无论是从《中华人民共和国预算法》的角度，还是从政府预算的日常管理业务来看，我国的预算支出都建立了严格的财经纪律和规章制度。如“专款专用”原则，即具有专门用途的款项不得转作他用，凡是部门和单位违反这一原则的，就称为违反财经纪律，将受到行政处分。同时，通过预算科目的明细分类设置，预算支出被划分为经常性支出和投资性支出。其中，经常性支出又被分为人员经费和公用经费，而投资性支出则以不同的支出项目再进行细分。这样做的目的之一就是对政府部门的活动进行控制，在各方面对公共部门实行限制，使他们不能突破立法机关所批准的每一个明细分类项目的经费。此外，投入控制型预算支出管理模式中的一系列规章制度，要求政府部门在使用预算资金时必须“照章办事”，资金的批复、分配、使用都必须严格遵守既定的程序，这同样是为了实现预算资金的有效控制和安全使用。现行财政部门的监察机构所实施的财政监督与审计机构的审计监督功能雷同，主要集中在财政支出是否符合专款专用、项目与科目分类、资金限额、期限要求、支出方式与渠道等资金控制原则的要求。二是高度关注预算投入。一方面，由于预算“基数”的确定直接关系到公共部门的人员供养水平和办公条件改善等部门的切身利益，所以，预算投入的多少自然成为公共部门关注的焦点。另一方面，就预算投入的“增量”而言，它是政府部门职能扩张的重要反映，体现了部门事业发展的要求。在实际工作中，每个政府部门及其管理者都在竭力表达本部门对经济社会发展的重要作用和不断扩大的工作规划，从而希望获得更多的预算“增量”，在体现本部门价值的同时掌握更多的预算资源。通常，在投入控制型预算支出管理模式当中，预算拨款是以投入的规模数量为依据的，比如各学校的注册入学的学生人数；符合民政部门规定的享受最低保障的人数；应对犯罪所需警力和装备的数量；医院的病床及就诊人数等。因此，各政府部门都清楚地认识到，只有不断扩大投入才能获得更多的预算资金。

应当说，投入控制型预算支出管理模式确立了公共利益原则和公共资金的控制制度，这对保证预算资金的安全，防止“公共利益私有化”等方面具有重要意义。此外，从预算管理制度的演变来看，这也符合预算制度发展的规律。如同美国1921年《预算与会计法》改革后所确立的“分项排列预算”，通常在现代国家财政预算制度建立的早期，政府预算支出管理基本上都是以投入控制为主的。然而，与欧美国家不同，我国的投入控制型预算支出管理模式源于计划经济的要求，而欧美等国则是源于自由竞争市场经济的缺陷和廉价政府政策，但目的和特征几乎是一样的，都是强调对预算支出的控制，以及对预算投入的关注。

然而，尽管投入控制型的预算支出管理模式在我国政府预算管理制度体系中占有重要地位，但其存在也必须遵循社会经济发展与预算管理制度变革的客观规律。改革开放40多年后的今天，我国市场经济体制改革不断深化，公共财政的理念与体制、制度改革逐渐深入人心，政治氛围、经济状况与社会环境都发生了深刻的变化。政府预算支出管理制度也必须适应新时期预算管理环境的各种变化，及时做出调整，乃至制度创新。然而，面对新的环境，投入控制型预算支出管理模式的缺陷日益暴露出来，特别是其制度性缺陷所导致的支出控制异化、投入与效果严重脱节、预算支出管理缺乏灵活性等问题，更成为当前政府预算支出管理改革所面临的深层次难点问题。

首先，预算支出控制的异化，导致了预算投入与结果的严重脱节。我国当前的政府预算支出管理模式与国外传统的分项排列明细科目的预算支出管理模式近似，强调对预算投入环节规模与科目的严格控制，以及规范化的预算支出程序。这种预算支出管理模式对于建立现代预算管理体系、控制政府支出、预防渎职犯罪等具有重要意义，但长期地从字面上遵守规定和条例，同样会助长政府的官僚习气，导致政府部门忘记公共支出的真正目的。最终，这将形成一种强调手段而非目的的“文化”，忽视公共利益，而且还会使政府部门形成这样一种心态，即建立严格而且具有内在一致性的控制方法就会成功，而不考虑这些控制方法在履行公众赋予的国家职责时是否有必要，效果如何[①]。同时，投入控制型预算支出管理模式下的预算支出项目是根据部门单位和其支出目标进行归类的，一个预算项目支出可能从不同的支出预算科目中提取资金，包括公用资金、其他不同的项目资金等，极易造成部门预算科目间资金使用混淆，项目支出成本难以准确衡量。而且，由于严格的预算控制，支出必须按计划完成，一旦预算年度花不完预算资金，也许下一年度就不能再编制那么多的预算，且未使用资金部门不能自行保留。这种年终资金必须撤回以及余额“属于支出”的观点与规则很可能会使部门无法将项目的余额存储重新规划使用，而是将其用于不必要的年终开支，造成预算资金使用低效率，甚至浪费。虽然，造成这种现状的原因很多，如政府部门对年度预算资金使用安排得不合理、预算编制与批复在时间上的间隔、支出情况与事项的临时变动等，但实际上这种情况所付出的代价是预算要求实现支出控制所难以避免的。更重要的是，对部门的评价是以预算程序规则的服从情况来做出的，而不是产出、结果或效率，这充分体现了“只问花钱不问效果”的支出控制预算的特点。

严格的预算规程也会逐渐形成一种判断，即如果预算程序是合理的，那么其结果也是正确的，对效果的评判是通过产生这些效果的程序而不是独立的绩效标准来进行的，规范化的程序对预算执行的效果本身并不关心。投入控制型预算支出管理模式关注的核心是政府机构的投入而非服务提供或产出的质量，以投入为导向妨碍了预算管理的视野，将预算管理局限在“常规的”运营模式中，替代性的方法逐步被忽略掉，注意力都集中在预算所采购的物品上，而对投入效果的研究采取的却是近乎排斥的态度。更为严重的是，投入与效果的脱节往往产生激励的“逆向选择”，即越是折腾和浪费预算资金的人就越能获得“奖励”，获得更多的财政拨款，从而使政府预算支出陷入以不断膨胀的财政拨款追求支出效果改善无望的恶性循环当中。例如，一所学校同另一所学校相比，谁的教学质量更好；有多少贫困人员获得了

① 坎波，托马西. 公共支出管理［M］. 张通，译. 北京：中国财政经济出版社，2000.

稳定的工作，摆脱了救济依赖；犯罪率下降了多少，或者公众的安全感如何，所有这一切似乎都无关紧要，而事实上，当学校、福利机构、治安等公共部门工作不力时，即学生表现欠佳、福利费用膨胀、犯罪率上升时，它们通常会得到更多的财政拨款①。总之，严格的支出控制并不足以保证财经纪律，重投入轻产出的预算支出管理模式也无法根本解决预算支出漏洞问题。

其次，预算支出管理缺乏灵活性，执行效率较低，导致预算资金供给时效与部门事权责任相分离。严格的定向控制预算一方面使得政府部门或项目管理者常常在预算资金使用上缺乏机动性，复杂的控制妨碍了管理者进行管理，也就是说，妨碍了采用能使效果最大化的资源使用方式，这明显不利于达到预期的绩效水平。另一方面政府部门或项目管理者以及预算资金的其他获得人常常不能肯定地预测什么时候能够得到预算资金，供给时效与部门事权不匹配。由于我国预算支出管理缺乏中长期的战略规划和目标，如果把政策看作规划和目标，那么政策和预算的分离，常常造成年度预算的反复修正，许多事项并不是财政年度初始确定的，而是中期或是年末确定，然后预算跟进。而且，不同财政年度间不相同的政策，错误的预算估计或未充分考虑政策的长期效果的短期看法，以及财政年度内为了适应、维持、遵守财经纪律的要求，政府部门还可能会遭遇到预算资金的削减等预算资金分配的不确定因素，使得政府预算支出的时效性难以保障，政府部门事权的及时履行受到影响，也是造成当前政府部门年终突击花钱现象的原因之一。同时，由于对预算支出所购买的投入品种类的控制相当严格，以至于政府部门根据实际情况需要对支出进行调整时（追加或是节余），要面对很多机构的阻力，困难重重，很多时候只好作罢。这种严格的控制长期执行下去，甚至可能在预算投入过程中形成固定的“寻租”利益集团，为腐败提供温床。

最后，预算支出审批难以达到合理确定预算支出规模、优化预算支出结构的目的。我国目前的预算审批依据主要是预算申请是否符合

① 奥斯本，盖布勒．改革政府——企业家精神如何改革着公共部门［M］．周敦仁，等，译．上海：上海译文出版社，2006.

"规定"，是否存在依据，核定数额还主要是以收定支、基数法等简单的方式方法，只能在大体预算规模上进行一定的增减，随意性、人为因素都较大，缺乏规范化、制度化、法治化、科学化的预算审批调整依据和方式。一方面，预算时间安排还不够科学；另一方面，投入控制型预算支出管理模式中的预算细节占据了很大的篇幅，使经验不够丰富的人望而生畏，时间比较紧张的人也不愿意再从预算中去归纳政策计划。要对预算文件中的内在计划进行审议和批准的人，可能和一般公众一样很难在有限的时间内真正了解预算安排，且缺乏经验、必要的知识和时间。

事实上，发达市场经济国家在20世纪50年代前后就已对投入控制型预算支出管理模式的制度性缺陷进行了反思，并开启了以结果为导向的政府预算绩效管理改革，制度层面的核心内容包括：第一，建立以产出与结果为导向的政府预算绩效管理模式。从传统的以投入为重点的预算管理转向以产出和结果为导向的预算模式，可以说是预算管理理念和实践上的一次革命，标志着在预算管理中从传统的过程与支出合规性考量，更多地转移到对执行效果和绩效目标的评定。政府预算绩效管理改革中的国家纷纷制定各项政府预算绩效管理法规、建立制度规范、创新技术方法，构建起以预算产出和结果为衡量标准与指导方向的预算绩效管理模式。在这种追求执行效果的预算框架下，相比传统预算模式中对预算投入的控制已经大大放松，各预算执行部门自主管理预算的权限扩大了，但无论是预算执行者还是监督部门关注的焦点都已集中在预算支出的绩效结果上。第二，有条件地放松对政府预算的投入控制，为绩效管理目标的实现创造有利条件。对政府预算投入控制的放松，以明确的产出与结果绩效目标所需预算拨款代替详尽的传统分项排列式拨款项目，降低拨款的详细程度，将预算资源的配置权下放到各政府部门，使得预算资源在部门内部的调控更具灵活性。财政年度之间资金也可以有限转移，以适应中长期预算绩效规划要求，实现既定的产出与结果目标，有效减弱政府部门突击花钱的动因，提高预算资源的使用效益。此外，不少国家在预算绩效管理改革中引入了"净拨款"，即允许政府部门保留一部分行政性收入，以此激励那些在征集使用者收费方面高效尽责的部门[①]。但是，这种放松或是灵活性的提高是有严格的条件和前提的。发达市场经济国家普遍是在经历了长时间不断完善、规范的预算过程和投入控制，并已形成较为健全的预算监督法律体系和普遍的预算人员责任意识之后，在此基础上转向预算绩效管理改革的。因此，对于赋予预算执行部门更多的资源配置权，议会以及政府内部的监控部门都是高度敏感的，并在许多方面设定了严格约束，如机构规模、薪金标准、各项预算规划间的资源转移等。

显然，对于发展中国家而言，在地方政府预算支出绩效管理改革进程中，预算的投入控制与宽松的预算支出授权之间的矛盾与权衡始终是改革的核心内容。从中国现代财政制度构建的绩效导向与历史发展进程来看，地方政府预算投入控制的具体内涵正逐渐从以往的审批分配、过程控制、年度平衡转向中期财政总额控制与债务风险防控等方面，而以公共支出绩效为标尺的预算支出授权改革则更多地体现为分类核定、短期内预算执行规则弱化等特征。

财政总额控制是政府预算管理的基本概念之一，反映一级政府的财政收支关系及其总量规模的变化，是保障财政可持续与预算平衡的重要手段，也是测度、控制政府债务，实现既定财政支出绩效目标的有力措施。区别于财政规则在政策层面上的考量，狭义的预算规则概念更接近于财经纪律的含义，并多指编制与执行预算时相关主体应遵守的各项规定，而广义上的预算规则不仅限于法律法规范畴，还包括预算执行管理与资金使用绩效等方面的内容。政府财政总额控制及其时空安排与预算执行规则的约束力度是影响公共支出绩效的重要因素，其彼此作用机理的研究直接关系到我国政府预算绩效管理、中期支出框架、预算执行规则等多方面现代预算制度改革的有效配合与综合成效。

20世纪以来，政府财政总额控制制度与过程导向的预算执行规则几经沉浮，特别是从20世纪70年代开始，理论上，无论是公共选择理论中Niskanen（1972）的“预算最大化”模型、基于新凯恩斯主义的预

① 希克. 当代公共支出管理方法［M］. 王卫星，译. 北京：经济管理出版社，2000.

算“黄金法则”，还是Schick（1996）等人从议会政治与公共政策视角对政府预算过程的分析，都指出了渐进主义预算所带来的支出刚性与低效率问题，以及过度重视支出程序而非绩效结果的预算执行规则缺陷，其结果是，在年度预算平衡框架内政府很容易采取各种违反总额控制的预算执行规则弱化行为，如超额预算收支、推迟支出、资金违规使用、债务超发、修改预算时间等。由于年度预算总额控制难以有效观察和判断很大一部分预算支出的最终结果，因此，其对预算决策合理性与合法性的制度保障也就变得十分有限，甚至还会起到负面作用（J. B. Liebman和N. Mahoney，2017）。因此，以怎样的目标科学设定财政总额控制的时间跨度、如何理性看待预算执行规则弱化的改革效果等问题，已成为世界各国政府预算改革所必须面对的。

实践中，从20世纪80年代少数发达国家开始采用中期支出预算框架（MTEFs）以来，目前已有超过120个国家以法律形式确认了多年期预算平衡规则（Razvan，2013）。世界银行将以上跨年度预算平衡规则划分为中期财政框架（MTFF）、中期预算框架（MTBF）和中期绩效框架（MTPF）三个阶段（World Bank，2013），分别强调总量控制、配置效率和支出效果，三个阶段具有层次逐一递进的特征。然而，对于大多数发展中国家而言，多年期预算总额控制机制的构建始终面临着一种改革悖论，即高效的预算资金配置与支出绩效水平的提升，普遍需要短期内预算规则的相对弱化，如放松预算执行程序管制、下放自由裁量权等，而预算执行规则的必要弱化又要以严格的跨期财政总额控制为前提，但观察现实中的政府预算过程不难发现，以短期预算平衡、财经纪律遵从等为依据的制度安排，其结果往往是对财政总额控制的强调在执行过程中被逐渐等同于对预算执行规则的硬化，这也就是许多发展中国家难以实现向中期绩效框架迈进的重要原因。从中国的相关改革实践来看，预算先期执行、年终突击花钱、地方债务风险累加、支出绩效问责不力等问题始终困扰着我国现代预算制度改革迈向深入，其原因之一同样是没能明确合理的预算改革目标。

当前，随着我国现代财政制度建设的不断深入，跨期预算平衡机制构建与预算绩效管理全面实施等一系列改革措施的推行，为回应以上问题与悖论破解提供了重要思路与现实条件。相对于财政政策、程序规范、债务风险、年度平衡等标准，以公共支出绩效增进为目标衡量多年期财政总额控制的时间跨度，并以此确定预算执行规则弱化中部门预算支出灵活性所对应的责任约束，这既可以有效节制预算编制与执行过程中公共部门或利益集团不合理的支出扩张要求，又提升了预算赋权、支出审核、结果问责的科学性，甚至为预算规则内涵的拓展与重新定义提供了新的视角。

3 辖区公共利益维护与基层社会治理中的现实问题

由于民意表达渠道建设、政府预算制度创新、基层社会治理、信息技术手段应用、地方财政体制改革等方面的缺陷，我国辖区公共利益维护与治理改革中存在许多现实问题亟待解决，这些问题与障碍有的属于重视不够，投入力度不足，有的属于制度供给与改革缺失，也有些问题需要在长期的理念宣传、行为引导与法规完善过程中得以改观。

3.1 辖区公共品需求偏好表达的制度缺失

辖区公共品需求偏好的有效表达是供给政策、制度、方式选择最核心的信息基础，然而，由于对偏好表达机制与渠道建设重视不足，缺乏必要的偏好疏导机制与政治协商调节，以及信息技术手段的创新应用投入不够充分等，使得辖区公共品有效供给的实现面临许多现实困难。

3.1.1 对偏好表达机制与渠道建设重视不足

辖区公共利益集中体现为地区公共品的供给绩效水平，无论是从经济学研究的供需均衡范式，还是从政治学的利益分配均衡理论出发，所谓最优绩效并非绩效水平的极大值，而是受到各利益主体在公共服务消费与供给过程中各自资源配置的约束所形成的均衡绩效。显然，辖区公共服务供给绩效是以满足地方居民需求绩效为根本出发点的，而如何客观、理性地显示、了解、掌握辖区居民对各种公共服务绩效的需求偏好，则在很大程度上决定了辖区公共服务均衡绩效的预判，以及各项影响供给绩效的体制、制度、机制的构建与改革，从而判断出辖区公共利益是否能够得到有效维护。

从我国的现实情况来看，辖区居民对地方性公共产品的需求偏好还存在着不能充分显示与传递的问题，突出表现为现实生活中居民对公共服务供给数量与质量不满意，但无法传达到地方政府并对地方政府进行监督。比如，地方政府重金打造的许多“形象工程”“政绩工程”，明为造福地方百姓，实则有损辖区公共利益，但居民的这种偏好往往得不到集中有效的表达，因为地方政府在公共产品的提供上处于垄断地位，地方居民只能被动地接受，很难对其进行监督并使地方政府修正其行为。再比如，在有关环境污染问题所引发的群体性事件中，由于公众缺少参与事关自己生存权的公共决策机会，无法将自身偏好通过公开透明的投票、书面表达等渠道集中传递给地方政府，合理诉求得不到及时回应，最后只能采取一些过激行为来表达。

3.1.2 缺乏偏好疏导的管理机制

由于不同资源禀赋、收入水平、社会阶层、文化背景、年龄段、受教育程度、地区产业结构特征等众多因素的影响，辖区居民公共服务需求绩效偏好存在分散、多元化、有限理性等特点，因此，如何有效地分类、整合、疏导辖区居民的公共服务需求偏好，使其管理向着科学合理、集中高效、长期可持续的方向发展，将是今后辖区公共服务需求偏好管理机制构建与完善的重要内容。同时，合理利用与调节辖区公共服务供需过程中所涉各方的政治利益诉求，发挥各方优势，也将对需求偏好的理性表达与评估产生积极影响。显然，在此方面，我国仍缺乏偏好疏导管理机制与政治协商的自发调节。

首先，“自下而上”的辖区公共服务供给决策程序亟待构建。“自上而下”的供给决策程序虽然能够确保决策的统一性和权威性，但难以顾及各地公共品需求的具体差异，容易产生实际供给与真实需求偏好不一致，甚至严重失衡的现象，这也是辖区公共服务供给方不够重视与习惯性过分相信主观判断公共需求偏好的不良结果。因此，如何构建“自下而上”的供给决策组织程序，定位各参与方的角色，培养辖区居民的公共决策参与习惯，将辖区公共服务需求偏好的有效管理与引导扎实地奠定在基层社会治理的基础上则是未来地方公共利益维护与提升的现实选择。在“自下而上”的供给决策模式中，辖区居民向基层政府或非政府性社会公益组织表达自己的需求偏好信息，信息接收方对来自辖区居民的偏好信息再进行分类、整合、分析，并以此作为供给地方公共品的重要依据。辖区居民的需求表达可以通过直接和间接两种方式进行，直接表达没有中间代理人，不易产生需求表达的偏差，间接表达会在代理环节产生一定的需求表达偏差。但是，如果某种地方公共品涉及的辖区居民数量众多，比如几十万甚至上百万，让所有辖区居民直接表达是不现实的，通过社区、村组等基层社会组织、各类专业性质的非政府组织或人大代表的方式间接表达可能更为适宜。这里需要详细指出的是，由于基层社会组织与非政府组织在群众联系、专业知识等方面有特殊优势，能够较为集中、准确地反映某一类公共需求偏好，有效提升了偏好表达的信息效率，因此，赋予其在辖区生活中必要的政治地位，有助于在偏好表达的沟通与收集阶段引导居民客观、理性地反映公共需求，平衡辖区公共服务供给决策过程中的利益分配。

其次，辖区公共需求偏好表达管理机构设置存在盲区，相应的政府职能配置尚有缺位。要有效汇集地方公共品的需求偏好，有必要建立和完善包括官方路径、民间路径在内的各种需求表达路径，让辖区居民能够按照自己熟悉的方式表达意愿，并将辖区居民的分散信息通过若干路径有效集中起来，辖区政府应提供各种条件，确保需求表达的言路渠道畅通无阻。现实中，辖区政府通过民主选举、大会交流、社会调研、政府热线、领导接待、民主恳谈、电视问政、听证制度等方式广纳言路，创新拓展了不少地方公共品的需求表达平台。然而，不难发现，这些形式的需求表达平台或是分散在不同的公共部门，或是由宣传、纪检等非专业职能部门负责，实际上，当前辖区政府部门内部没有一个专职负责公共服务需求偏好调查与统计分析的机构，这使得不同需求表达平台获取的偏好信息很可能由于各种共享障碍难以发挥最大效用。事实上，辖区政府的统计部门有能力也有义务承担起这项工作。目前，我国地方统计机构的职能主要是以地方国民经济发展的实际情况为核心展开各方面、各行业的统计调查与普查，为地方经济社会的发展规律分析、特征总结及未来预测提供真实、可靠的统计数据。可见，其中并未包括对地方公共服务需求偏好的统计调查与分析。显然，此方面的调查分析虽然需要具体公共部门的配合，但从调查方法、结果分析、专业队伍的主要层面看，地方统计部门完全有能力胜任这一职责，而且，若是在垂直管理的行政模式下，其信息的真实性与可靠性则显得更为客观。因此，地方立法机关应明确赋予地方统计部门此项职能，受理各种周期性和临时性的地方公共服务需求表达，深入了解辖区居民对地方公共服务的需求偏好，并对这些需求信息进行汇总、加工、整理，做到地方公共服务需求表达的系统化、条理化和制度化。

3.1.3 信息技术手段的应用亟待加强

众所周知，技术进步是推动人类文明进步的核心力量，公共品的分类与某项服务公共属性的定义都会受到技术进步的历史性影响。从我国辖区政府公共服务需求偏好表达制度缺失的角度看，地方政府积极、科学、创新性地运用信息技术激发辖区居民主动表达公共利益诉求，深入调查公共需求偏好信息的主动性和应用能力仍有待加强。纵观当前市场经济中调查研究消费偏好的信息技术手段已经十分丰富与先进，其细分程度、准确性、预见性等表现甚至令人叹为观止，且仍在不断进步，大数据、云计算、物联网、区块链、社交媒体等这些概念与技术手段已经广泛运用在各种市场行为中。事实上，信息技术的飞速发展同样为辖区公共服务需求偏好的表达和信息获取提供了重要的技术支持，一些以前难以实现或实现成本较高的公共信息获取与分析，通过现今的信息技术都有可能得以实现。当然，公共服务需求偏好的真实表达与私人产品有着显著区别，公共部门在运用先进信息技术展开公共服务需求偏好调查时，应高度重视方式方法的选择，有效规避“免费搭车”，在使辖区居民将最真实的偏好信息表达出来方面下功夫。

3.2 辖区公共利益维护的基层社会治理基础薄弱

如果以辖区公共利益最大化作为公共政策与制度设定的核心目标，就应认可并充分理解基层社会治理层面上辖区居民对于公共利益偏好的异质性特征，以及非政府组织、社区、村组在组织并代表辖区居民表达利益诉求中的作用，同时重视基层民意代表推选机制的不断完善，然而，针对以上问题，在我国基层社会治理实践中仍有许多基础性工作有待完善。

3.2.1 正确认识公共利益偏好的异质性

辖区公共利益的维护需要辖区居民具有相同或是相近的利益诉求，然而，现实中个体的社会偏好程度具有明显的异质性，不重视甚至忽视这一点，是当前我国许多地方公共服务领域供需失衡、绩效不佳的重要原因。在辖区公共服务供需领域，我们不仅要看到人们有追求自身私利的本能冲动，也会发现人们有与他人合作的亲社会行为，同时，不同个体的自利与利他偏好程度也各不相同，甚至差异巨大。如何从基层社会治理的角度，将“尊异求同”作为指导思想，客观认识、主动引导、科学分类与利用不同社会群体的社会偏好异质性，在异质性中努力寻求、构建、提升一致性社会偏好，是未来我国辖区公共利益有效维护的重要基础性工作。

就我国地方政府公共服务的供给情况来看，不同地区人口流动、文化背景、产业特征、经济发展水平等因素的差异，使得各地区居民所体现出的外在与内在偏好异质性也有所不同，特别是在公共品合作供给意愿的表达程度上存在区别。同时，人们与他人在公共服务领域的合作意愿，一定是原则上建立在充分尊重且客观表达的各自偏好程度与偏好方向的差异基础上的，进而寻找到共同利益的均衡点，指导各种制度或机制形式呈现出公共服务成本分担方案的构建、完善与改革，而不是以利益的粗略一致性代替客观异质性。显然，对于异质性的尊重将直接影响法定或自愿辖区公共服务供给制度的建设，比如，所得税制、财产税制等直接税制中对税负公平负担的强调，不同非政府组织对公共利益诉求的客观评价，对基本公共服务标准的设定等。与此相对应，许多实验研究已经表明，即使人们具有与他人合作的亲社会偏好，如果没有相应的制度安排与法规约束，公共品自愿供给合作的意愿也会难免退化。只有很少的被试一直选择某一较低数量的公共品成本承担，而大多数被试表现为条件合作者，即“你合作我也合作，你不合作我也不合作”，以及一小部分“强互惠”者，即“你合作我也合作，我合作你不合作，我将对你采取惩罚性行动”。如此看来，即使所有人都为条件合作者，如果没有必要的法律制度、惩戒规则，以及道德约束，辖区公共品合作供给的自愿性将很容易被搭便车者或法不责众的心理所恶化。

显然，在公共品合作供给情境下，个体社会偏好异质性的显现程度与策略选择将受到个体预期其他个体合作行为的影响，因此，如何在个体间形成有关他人合作的积极预期十分重要。从国外的一些公共品实验中不难发现，引入交流机制（Ostrom 等，1992）、提供利他惩罚机会（Fehr和Gchter，2002；Gurerk 等，2006）、增加事先承诺环节（Kosfeld 等，2009）等，一些合理的制度安排均可有效促进公共品的合作供给。尽管这些乐观的判断能否适用于中国的被试还有待进一步的检验，但对照我国辖区公共服务供给中由于对异质性问题研究不足而导致的诸多问题，如缺乏公共服务供需信息的充分交换、税制设计的公平性、稽查与惩罚力度不足、公共支出绩效承诺制度的不完善与软约束等，至少为其提供了新的研究思路与方向。

3.2.2 基层社会组织的政治协商缺位

首先，非政府公益性组织的社会服务功能界定不明确。随着我国社会主义市场经济体制的进一步完善，各类社会组织将更加广泛地参与到社会管理领域中。非政府公益性组织通过整合社会资源，发动民间力量与政府合作，主要为社会成员提供三种服务，即将需要者和提供帮助者联结起来的中介服务、对有需要人士提供的直接服务，以及纯社会公益行动（如环保、知识传播等）。从理论上讲，由于非政府组织通常关注于某一特定领域或群体的利益，这使得它们对相关领域的问题处理迅速又专业。非营利性组织还是社会公共事务和公益事业发展的中介机构。在社区自治权利主体多元化的要求之下，积极发展非政府组织是实现社区治理的内在要求。因此，要大力培育非政府组织，使其成为推动辖区公共服务绩效不断提升的重要力量。然而，目前我国对于非政府组织的分类以及其社会服务功能的认定还存在许多空白，哪类非政府组织在怎样的范围内提供哪些具体社会服务，其与政府公共部门以及社区组织之间如何分工，怎样区别非政府组织的纯公益性行为与政府向民间组织的公共服务购买等问题，都有待通过法治化、制度化的方式予以确定。

其次，社区自治权力有待得到进一步强化，民主自治文化氛围的形成仍需时日。社区自治既是社区发展所追求的最高价值目标，也是社区发展必经的实践过程。而社区自治权力与手段的多样化首先离不开配套的改革措施和相关法律制度的保障，一方面需要从实际出发逐步构建配套的法律法规体系，并将社区自治模式以制度化的形式固定下来；另一方面可以构建以社会公正为基础、以提高社会福利为目标、以民主为手段、以人力资本为核心、以资产建设为抓手、以政府能力建设为保障的发展型社会政策。此外，文化使社会有了系统的行为规范，其中主流的社会价值观和积极的社会心态，更具有促进社会整合的功能。一直以来，文化与社区发展始终紧密地联系在一起，一方面社区是文化孕育和传承的土壤，并形成了社区文化；另一方面社区的发展离不开社区文化的培育。可以说，社区结构及其功能的形成在一定程度上依赖于相应的社区文化的打造。在推动社区自治发展的过程中，培育社区民主自治的文化氛围将有利于居民积极参与社区公共事务的管理和各项活动，发挥居民在社区建设中的能动性，并逐渐形成一种参与精神。

3.2.3 基层人大代表的推选机制有待完善

无论是民间团体还是社区（村组）组织，以负有责任心、具有利他偏好、能够获得群众信任的基层人大代表推选方式，汇集并集中反映辖区居民公共利益诉求，是较为符合我国国情、综合成本较低，且与现行制度安排最为吻合的一种公共利益表达与反馈机制。从社会偏好的异质性理论可知，人群中公共品自愿供给的条件合作者占大多数，始终坚持无条件合作以及强互惠的人数相对较少。事实上，这为完善基层人大代表机制提供了理论支持，也就是说，理论上辖区或民间团体的代表应在无条件合作者或强互惠偏好人群中选择。当然，人大代表在主观上具有显著亲社会偏好的同时，还应具备一系列客观条件，如具有较好的经济基础、较高的知识层次、良好的道德规范、一定的组织能力、健康的体魄等，只有同时符合以上主客观条件的个体才是最适合担任基层人大代表的人选，基层社会组织或民间团体在“带头人”的推选机制中也应明确以上信息。显然，此类人选的公益心是最为突出的，也最能获得辖区或团体中成员的信任，更为重要的是，这样的基层人大代表能够通过自身的影响力向下引导辖区或团体中占大多数的条件合作者向着公共利益最大化的方向做出行为选择，避免让条件合作者滑向免费搭车，向上代表公众推动以维护公共利益为宗旨的公共政策的制定与改革。

在明确基层人大代表的推选对象后，还应通过机制建设推动非政府组织成员与社区工作者的职业化与专业化发展。民间团体与基层社会组织自治的实现不仅需要自治权的获得，更需要自治能力的提升，特别是建设一支高素质的社区工作者队伍对实现社区自治起着重要的作用，是促使自治手段转变的关键因素之一。随着社区工作专业知识的不断科学化和系统化，首先需要加大社区工作者的专业培训力度，为优秀工作者提供接受专业学历教育的机会；其次需要设置岗位聘用制度，公开招聘社区建设所需的各类专业人才，并创新用人激励机制；最后，建立社会工作专业机构，在政府不直接干预社会工作专业组织的服务工作前提下，需要不断加强与多种组织和机构的沟通与合作。显然，要实现基层社会治理的民主化、公开化、制度化、法治化，需要基层人大代表的准确推选机制与社区工作者职业化与专业化行政能力的有效结合。与此同时，还应坚持宽渠道的民意表达机制建设，即不仅要重视人大代表式的间接公共利益表达，还应更多地借助技术手段方便直接公共利益表达，从而形成辖区公共需求偏好信息的复式整合，使公共服务的供给方能够更加准确地判断需求偏好信息，提高公共服务的供给绩效水平。

从我国当前基层社会治理的现状来看，一方面基层人大代表的推选标准仍未达到同时满足主观亲社会偏好与客观基础优良的条件，另一方面，民间团体与基层社会组织工作者的专业与职业化培养仍显投入不足。同时，人大代表式的间接公共利益表达信息与便捷的直接公共利益表达信息的对比整合机制还未建立起来。

3.3 以绩效为核心的地方政府预算改革尚待深入

我国现行地方政府预算制度改革仍以预算分配与支出控制为主体，尚未从根本上形成以绩效为核心的制度体系，这一方面受预算改革以外制度条件与人文环境的制约，另一方面也与从预算管理向预算治理转变的渐进式改革有关。

3.3.1 地方预算治理与绩效管理缺乏一致性

近年来，我国地方政府预算改革取得了很大进展，特别是《中华人民共和国预算法》的实施，在提升地方预算治理能力方面迈出了具有实质意义的一步。但无论是前期实施的部门预算、收支两条线、国库集中支付制度、政府采购等措施，还是当前正在实行的跨年度预算平衡机制、中期财政规划、全口径预算等改革，主要都是围绕增强预算的控制功能这一目标展开的，呈现明显的“控制取向”特征。同时，地方政府仍难以完全摆脱维持并推动地方经济稳定增长的公共财政职能，其宏观经济目标的实现仍是考核地方政府政绩的重要内容，一旦地方财政受到经济波动、政策变化、债务累积等因素的影响，出现短收与超支的情况，通过调整预算或增列赤字的方式予以应对就将成为地方财政的必然选择。然而，这种预算治理方式实质上消减了各种已有的预算执行控制制度所要达到的预算控制效果，而且从地方预算执行情况看，省级以下地市级财政赤字状况不容乐观，为弥补赤字，多数选择风险相对较低的财政救助方式以达到在短期内实现预算收支平衡、缓解财政困境的目的，而这种财政救助通常是借助预算执行中的追加形式实现的。对财政救助的长期依赖不仅不利于构建政府间清晰、合理的财政分权体制，而且会变相激励地方政府实施高风险行为，加重上级政府的财政负担，使地方财政整体风险不断加大。此外，按照现行地方债务的管理规定，省级政府根据国务院确定的分地区年度限额举借债务，并列入本级预算调整方案，报本级人大常委会批准，换言之，举债限额及预算调整的审批程序都是在年度预算范围内进行设置并实施的，缺乏对中长期债务累积的预算管理与风险评估。在国务院颁布的《国务院关于加强地方政府性债务管理的意见》与财政部制定的《关于对地方政府债务实行限额管理的实施意见》中对或有债务的处置都做出了规定，但两者都采取事后规制的路径，主要目的是为存量或有债务提供规范化的转化或清偿机制，而对或有债务的整体性风险控制缺乏应对措施。实践中地方债务融资日渐成为一种补偿收支缺口的普遍方式，由此产生的财政风险问题将是实现财政可持续的最突出障碍。

显然，目前地方预算治理中的“控制导向”“预算调整”“债务管理”“宏观经济增长”等目标之间存在相互掣肘、彼此消耗、不尽相融的问题，这与未正确认识地方预算绩效管理的地位与作用密切相关。首先，预算绩效管理不同于现有的各种预算控制制度，它更多强调的是通过相对灵活的预算授权，实现公共资源的有效利用，避免财政资金的损失浪费，从而降低地方财政赤字、债务风险给地方经济带来的负面影响，也为可控的预算调整创造条件。其次，地方预算绩效管理更强调民主参与，具有明显的政治性。地方财政的特点突出体现在其所提供的公共服务直观、具体，辖区居民普遍“看得见、摸得着”，供给绩效能够直接影响到辖区居民对地方政府的政治评价，因此，一方面继续增强预算的控制功能，优化预算权力配置，深化预算管理制度变革，提升政府的治理能力和运行效率。这也是当前我国地方预算改革所正采取的路径。另一方面发挥预算的合作共识和公共理性培育功能，构建预算信息表达机制、“体制内协商”与“体制外参与”有机结合的预算协商机制等制度体系，通过预算形成政府与公众的新型关系，增强政府合法性基础，构建稳定、韧性、可控的社会运行机制。这两条路径不是截然分开的，而是相互促进、相互提升的关系，也唯有二者结合起来，将地方预算绩效管理的理念、手段、机制全面融入地方预算控制治理，实现地方预算治理方式的民主化、绩效化创新，在具体的地方预算管理制度与法规中实现预算绩效目标引导下的预算控制约束，才能更好地发挥预算的治理作用，进而增强制度自信、发挥制度优势，促进我国治理现代化。

3.3.2 地方预算管理中的控制手段与绩效目标尚未兼容

现阶段我国地方政府预算管理的主要目标仍以维持年度预算平衡、财经纪律的严格执行等简单行政式的惯性思维为主，其中以总额控制与过程控制为最显著特征。

首先，地方政府预算总额控制虽未以法律形式纳入地方财经法规，但从地方预算平衡以及债务风险管控的角度一直受到地方财政部门的高度重视。这种重视不仅体现在地方政府总预算规模的平衡考量，更体现在对地方各公共机构部门预算规模的约束上，甚至是具体基本支出预算与项目支出预算额度的严格管控上。特别是，近年来随着新《中华人民共和国预算法》的出台，各地方政府的债务风险问题逐步显性化，各地政府仍处于有序消化历史存量债务、谨慎发行地方增量债务的预算管理改革过渡阶段，其对财政收支总额、债务总额、支出结构额度的重视程度有增无减。在这一过程中，往往会出现以牺牲支出绩效为代价，保证支出总额不受冲击的情况。财政预算总额控制管理与绩效管理都是现代预算制度的重要组成部分，预算总额控制可以有效地防范财政风险、约束公共部门预算行为，预算绩效管理则可看作是在总额控制下灵活使用财政资金最大限度满足辖区居民公共利益诉求的制度安排。当前，我国地方政府预算管理中的一个突出问题是预算总额控制的管理范围与权力配置过多地影响到了绩效管理目标的实现，即财政总额控制的对象、内容缺少科学分类与侧重，降低了公共部门在预算资金使用过程中的灵活性，同时，总额控制的规模、时限与额度管理权缺少公共部门参与，不适合具体支出项目绩效目标实现的要求。因此，未来如何建立以预算绩效目标为导向，兼顾财政总额控制的地方预算管理模式将是辖区公共利益得以有效维护的重要制度保障。

其次，在地方政府预算执行中的过程控制还未形成以绩效约束为核心的预算管理模式。具体而言，在绩效评价与结果运用阶段，支出绩效与预算分配不发生确定性的直接联系，尚未形成以绩效约束支出的预算运行机制。在2014年《中华人民共和国预算法》修订之前，我国已经分别在教育、科技、卫生等公共支出领域试点建立了绩效评价体系，2003年、2011年、2013年财政部分别出台《财政支出绩效评价管理暂行办法》、《关于推进预算绩效管理的指导意见》，以及《预算绩效评价共性指标体系框架》，逐步明确规定了绩效评价对象、指标、方式等核心内容，然而，这些改革实践及制度供给的焦点仍主要限于预算执行过程中绩效评价工作的不断完善，而并未较多地触及绩效结果与问责奖惩、预算编制、人大审查之间的关系，这使得地方政府预算绩效管理改革的效果始终无法得到充分释放。

3.3.3 配套措施不健全

首先，现有地方预算绩效管理法律法规体系不完善。当前，虽然新《中华人民共和国预算法》中对预算绩效管理与监督提出了要求，但仍缺乏具体执行条例，如绩效规划、承诺与部门预算文件之间的关系；绩效目标确定的依据；绩效考核的标准；财政部门与公共部门之间在预算绩效管理中的权责；绩效结果与预算分配之间的关联等核心问题还有待地方预算绩效管理改革创新带动相关法律法规的完善。显然，目前相关规则制度的法律层次较低，更多的仅限于财政部门规章层面。同时，现有的地方预算管理法规也缺乏法律权威性。地方各公共部门内部从事预算绩效支出管理的人员和机构的相关权力应得到法律的认可，享有独立收集、调查、评定部门预算支出活动的权力，其他人员和机构不得干扰。公共部门外部的预算绩效监督部门的审计和监察活动同样应受到法律保护，不受任何行政干扰。公共部门预算绩效报告（绩效计划报告、绩效评定报告等）应与部门预算编制和决算报告同步进入立法机关的审查程序，接受立法机关的审核并备案，体现政府部门预算支出绩效管理的法制规范。此外，绩效管理的评定结果在具有充分的可信度和透明度的同时，也应具备一定的法律效力，可以首先在立法中要求未来年度中政府部门预算编制应以过去所取得绩效情况为必要参考，待条件成熟时，再规定具体的预算分配与绩效结果之间的关系。最后，对于违反政府部门预算支出绩效管理相关法规的个人和部门，应明确其所要承担的行政、经济，甚至刑事责任，并制定具体的处罚措施。

其次，辖区公共部门有效驾驭预算绩效管理的能力有待加强。第一，辖区部门预算支出绩效管理要求从部门领导到一线公务人员，从公共部门内部到外部相关机构的广泛沟通和有效协作。因此，公共部门无论是对内还是对外都要具备良好的组织协调能力。辖区公共部门对内应大力提倡团队协作精神，竭力避免内部组织间的管理摩擦。公共部门内部没有好的组织协调能力就没有好的团队效应和集体业绩。应努力避免部门内部组织间在绩效目标理解、绩效信息使用等方面可能出现的误会和摩擦，一旦出现，部门需要在第一时间查找原因，解决问题。同时，公共部门对外应处理好与外部监管机构的关系，特别是与财政部门在改革权责重新配置方面的协调。公共部门只要能够证明自己拥有有效的预算绩效管理系统，可以行使清晰的预算项目绩效自控，赢得财政部门以及其他外部监督机构的信赖，为公众做出满意的绩效，就可以获得适当的自由裁量权。反之，则会被废止，甚至还要额外增加控制手段。第二，公共部门还必须具备驾驭此项改革实践的管理能力，即对整个绩效管理过程的把握和控制。具体来说，管理能力主要包括：流程控制、资源配置和项目管理。公共部门必须根据自身情况，制定出具体的改革实施管理办法，并使其成为部门人员工作的基本规范，使政府部门预算支出绩效管理中的每个工作环节都能有章可循，部门管理者可以清晰地观察到管理进程。根据部门所要实现的绩效目标，灵活有序地调配公用经费与项目经费，并在绩效管理改革实践中逐渐优化经费配置，减少因计划分配不合理而引起的“选单成本”。此外，部门公务人员应具备技术和行政能力来完成项目管理任务，这种能力包括处理绩效信息的收集与处理，用户满意度调查，分析资料数据以了解如何才能使服务更有效果等。

再次，当前我国部门预算分类结构不尽合理。自从2000年推行部门预算改革以来，我国政府部门预算支出框架体系始终处于不断调整和完善的过程中。现行的政府部门预算支出框架体系由基本支出预算和项目支出预算两部分组成。虽然现行政府部门预算支出框架体系突出了项目支出预算，并有意在此基础上进一步强调部门预算支出的使用效益，但从支出框架体系的总体设计来看，仍是以预算投入控制为主要意图的。现行支出框架体系中的最大问题，是在公共部门的预算执行过程中普遍存在着基本支出预算中的公用经费支出与项目预算支出之间的使用矛盾，这恐怕是在支出框架体系设计时并没有预料到的。更重要的是，这一矛盾的存在直接影响到政府部门预算支出绩效管理改革的操作实践。解决这一问题有两种办法：一是进一步细化项目支出预算，缩减其中的公用性质支出，并将其补充到基本支出预算中的公用经费当中。显然，这种办法仍延续了现有部门预算支出框架系统，且可行性不高。一方面，项目经费中的公用性质支出不易甄别，难以定义。另一方面，由于项目支出预算与部门公共产品与服务的供给直接相关，将其消减不利于社会公共利益的维护，难以实现为社会提供更多更好公共服务的绩效目标。二是将原基本支出预算中的公用经费纳入项目支出预算统筹使用，新的项目支出预算分为公用经费和专项经费，原基本支出预算中只保留人员经费支出。这样，与部门履行公共职能联系最为直接的项目支出预算将得到更为充足的资金保障，使用也更为灵活，最大限度地保证了预算绩效目标的顺利实现。同时，公用经费与项目经费相互缠绕、掣肘的情况也不复存在了，即消除了以往公用经费吃紧，项目经费由于严格的专项投入控制，结余又难以直接利用，部门无法集中精力追求预算绩效目标的弊病。

最后，预算绩效信息管理系统的技术保障投入重视不够。从某种意义上讲，绩效预算过程就是信息管理的过程。要改变预算主体的行为和结果，必须改变其获得信息、处理信息的方法以及对参与者行为的约束。预算绩效管理的实施必须以大量的信息为基础，这就需要尽快实现预算绩效管理信息化，一方面可以提高绩效评价效率，同时也有利于预算绩效结果的应用。总体来看，世界各国在预算绩效管理的过程中，都无一例外地进行了预算绩效信息管理系统的建设。功能完备的应用支持平台是实现中央、地方财政信息系统、各预算单位财务信息系统有效连接的前提。但在目前，我国只是基本实现了信息化管理，财政部门之间的信息系统初步实现了互联互通，仍然存在一体化程度低等问题。为此，我国必须进一步完善预算编审系统，完善基础资料库，为预算编制提供基础数据支持，并在此基础之上完善项目库管理系统，提高财政内部预算编审效率；同时，建设统一的预算单位会计核算管理系统，实现省级预算部门会计核算信息和预算项目绩效信息即时动态监控，确保资金使用效率；着手开发市县级预算绩效管理信息系统，实现省市县预算绩效管理改革同机制、同规范、同标准，全面提升预算绩效管理的系统性、科学性与实效性。

此外，辖区公共部门内部控制体系仍缺乏以绩效为导向的制度完善，财政监督与审计机关的外部监督往往以事后居多，这与我国政府预算执行的行政特征不相适应。在行政权力较为突出的情况下，预算绩效监督必须伴随预算编制、预算分配、预算执行的全过程，否则，很容易将公共部门置于缺少绩效监督与目标约束的环境下行使行政权力，这既不利于引导部门理性支出，也使得一系列预算监督制度的设立与作用发挥大打折扣。因此，未来需重点关注预算内外部监督向事前和事中延展，并将此作为预算监督的重点，而把事后监督作为结果佐证，形成合理的监督体系。

4 基于辖区公共支出绩效的多角度实证研究

地方公共服务供给质量的优劣，是否有效满足地区公共服务需求，是辖区公共利益保障与维护水平的核心体现，也是基层社会治理现状的评价标准。只有通过对地方公共服务质量的切实考察，并从多维度的视角展开深入研究，才能较为客观、真实地佐证现实中公共利益维护、基层社会治理及地方政府预算制度存在的问题。本章首先研究建立辖区公共支出绩效结果测度的技术基础，进而展开对辖区公共品有效供给的均衡分析、影响辖区公共支出绩效变化的因素研究，以及预算制度变革对辖区公共支出绩效改善促进作用的探讨，从而为今后可能的改革路径优化提供依据。

4.1 辖区公共支出绩效的结果测度

制定科学合理的辖区公共支出绩效结果测度的指标与方法是展开相关实证研究的基础，指标筛选标准与原则的确立以及方法的使用，在很大程度上决定了问题研究的方向是否坚持了结果导向，是否以地区公共服务供需均衡为目标，是否能够有效体现已有地方政府预算制度绩效改革的必要性。

4.1.1 结果导向的辖区公共支出绩效评价指标筛选

绩效指标的选取是公共支出绩效问题研究的首要环节，也是绩效评价与影响因素分析的基础，其奠定了问题研究的导向和基调，但在给出具体绩效指标的选定之前，还需要对指标的来源依据和选取原则做出必要说明。

第一，实证研究中主要选择了基础教育、公共卫生、社会治安、社会保障、环境保护、行政管理、基础设施建设七个领域的公共支出作为绩效考察的客体对象，具体的绩效指标设计也是针对以上内容的。这一方面考虑到这些领域的公共支出与社会民生息息相关，是辖区居民基本权利保障与公共利益诉求的主要内容；另一方面，从政府间财政事权的划分理论以及当前中国财政体制的改革上看，基于体现基本公共服务收益范围与提高政府行政效率的考虑，社会治安、行政管理、辖区内基础设施建设可确定为地方财政事权，基础教育、社会保障、辖区内公共卫生与环境保护可视为以地方政府为主的中央和地方共享事权[①]。由此，本书将公共支出绩效的研究对象划定为省级政府辖区内所承担的以上七项事权。

第二，各个公共支出领域的具体绩效指标选取突出强调结果导向。绩效指标大体可分为产出、效率与结果三类，同产出与效率指标相比，反映公共支出实际效果的结果绩效指标最能体现绩效评价与影响因素分析的初衷，即研究并掌握辖区居民从相关公共服务的消费中获得的真正收益水平。本书中基础教育领域的师生比达标情况、班额达标情况；公共卫生领域的传染病发病率与病死率、死因监测传染性疾病年归因比例；社会治安领域的刑事犯罪率、严重刑事犯罪比重、刑事案件破案率、公共交通安全水平、火灾事故管控水平；社会保障领域的城乡最低

① 参见《国务院关于推进中央与地方财政事权和支出责任划分改革的指导意见》（国发〔2016〕49号）。

生活保障满足程度、城镇低收入家庭住房保障覆盖率、失业保险参保覆盖率；环境保护领域中的绝大多数指标；行政管理领域的财政资金无效使用率、行政管理支出弹性、非国有经济固定资产投资比重；基础设施建设领域的农村水利基础设施水平都属于结果绩效指标。当然，为了尽量全面反映各公共支出领域的绩效状况，并考虑到公共服务正外部性的衡量存在不同程度的困难，加之数据获取及统计缺失等方面的原因，在各研究对象的绩效指标选取中效率与产出绩效指标也参与其中。

绩效指标选取的原则总结如下：一是强调结果导向；二是尽量全面地反映研究对象的绩效状态；三是指标尽可能做到无量纲化处理，具有可比性；四是绩效信息的获取具有可持续性；五是立足省级政府辖区。

数据来源除了2008—2018年的《中国统计年鉴》《中国财政年鉴》，以及各省统计年鉴外，还涉及《中国教育统计年鉴》《中国教育经费统计年鉴》《中国卫生统计年鉴》《中国法律年鉴》《中国民政统计年鉴》《中国环境统计年鉴》《中国审计年鉴》《中国城乡建设统计年鉴》等，以及相关工作报告和政策文件。此外，数据形式为面板数据，即全国31个省级辖区2008—2018年的数据集。具体指标目录与含义见表4-1。

表4-1　　**辖区公共支出绩效指标及其描述性统计量**

项目		指标名称	含义	均值	标准差
基础教育	pts	小学师生比达标情况	实际比/标准比	1.152	0.193
	per	小学入学率	小学已入学学龄儿童数/小学学龄儿童数	0.998	0.011
	prr	小学升学率	初中招生数/小学毕业生数	0.967	0.094
	pte	小学专任教师学历水平情况	专科以上学历人数/专任教师总数	0.873	0.074
	jts	初中师生比达标情况	实际比/标准比	1.002	0.179
	jrr	初中升学率	普通高中及中职学校招生数/初中毕业生数	0.911	0.137

续表

项目		指标名称	含义	均值	标准差
基础教育	jte	初中专任教师学历水平情况	本科以上学历人数/专任教师总数	0.796	0.122
	bcs	中小学班额达标情况	中小学在校生平均班级人数/标准班班额	0.879	0.092
	bsb	中小学生均校舍建筑面积规划达标率	生均校舍建筑面积/规划生均标准	0.869	0.157
	bbr	基础教育人均图书拥有量达标率	中小学在校生人均纸质图书拥有量/各地义务教育办学标准	0.602	0.168
	bcc	基础教育标准班计算机教室普及率	标准班计算机教室数/中小学学校数	0.877	0.862
	bhc	基础教育财政倾斜度	基础教育生均经费/高等教育生均经费	0.636	0.161
	ajp	初中及以上文化程度人口比重	初中及以上文化程度人口/6岁以上人口	0.682	0.113
	cgr	幼儿在园比重	在园儿童数/适龄儿童数	0.574	0.166
	cts	幼儿园师生比达标情况	实际比/标准比	0.509	0.171
公共卫生	idi	甲乙类法定报告传染病发病率	发病人数/地区人口数	0.247	0.101
	idd	甲乙类法定报告传染病病死率	发病死亡人数/发病人数	0.406	0.373
	idd	居民死因监测传染性疾病年归因比例	传染性疾病死亡人数/传染性疾病、非传染性疾病、意外、伤害等死亡人口数	0.019	0.022
	fdo	各地区食源性疾病暴发控制情况	各地区食源性疾病暴发报告增长率	0.425	1.203
	per	婚前检查率	婚前医学检查人数/结婚登记人数	0.394	0.412

续表

项目		指标名称	含义	均值	标准差
公共卫生	msm	孕产妇系统管理率	孕产妇系统管理人数/新生儿活产数	0.879	0.133
	csm	7岁以下儿童系统管理率	7岁以下儿童保健覆盖人数/7岁以下儿童数	0.882	0.136
	rdw	农村饮用自来水人口普及率	农村饮用自来水人口数/当地农村人口总数	0.776	0.154
	rht	农村无害化卫生厕所普及率	符合农村户厕卫生标准的累计卫生厕所数/当地农村总户数	0.503	0.274
社会治安	ccr	刑事犯罪率	刑事犯罪人数/当地人口数	0.001	0.001
	scr	严重刑事犯罪比重	审结严重刑事犯罪案件数/审结刑事案件总数	0.387	0.172
	cdr	刑事案件破案率	刑事案件侦破数量/刑事案件案发总数	0.491	0.138
	cgr	社会治安总体态势	刑事案件增长率	0.064	0.141
	tar	公共交通安全水平	交通事故下降率	0.055	0.127
	tac	交通事故严重程度	交通事故伤亡人数下降率	-0.01	0.225
	far	火灾事故管控水平	火灾事故下降率	-0.24	1.067
	fac	火灾事故严重程度	火灾事故伤亡人数下降率	-0.25	1.034
	tfe	交通、火灾、环境污染事故直接经济损失情况	交通火灾直接经济损失/GDP增量	0.001	0.002
社会保障	uml	城市最低生活保障满足程度	城市低保实际支出/城市低保人群标准支出	0.762	0.144
	uwe	城镇职工养老保障水平	人均职工养老保障支出/人均消费性支出	0.967	0.292
	ucs	城市社区服务中心（站）覆盖率	社区服务中心（站）数量/社区居民委员会数量	0.674	0.331

续表

项目		指标名称	含义	均值	标准差
社会保障	ulf	城镇低收入家庭住房保障覆盖率	经济适用房或保障性住房套数/城镇低收入家庭户数	0.519	0.466
	rml	农村最低生活保障满足程度	农村低保实际支出/农村低保人群标准支出	0.692	0.135
	csf	社区服务设施覆盖率	城乡社区服务机构数/城市社区与农村村组数	0.338	0.326
	ure	城乡居民养老保障水平	人均居民养老保障支出/人均消费性支出	0.092	0.057
	pb	每千老年人口养老床位数	提供给住宿养老床位数/老年人数量（千人）	22.19	9.604
	uic	失业保险参保覆盖率	年末领取失业保险人数/城镇失业人口	0.256	0.157
	ese	公共就业服务成效	成功介绍人员就业数/服务机构登记求职人数	0.554	0.165
	msl	医疗保障水平	社会医疗保险及医疗救助支出/卫生总费用	0.279	0.075
	mal	医疗救助水平	医疗救助支出增长率	0.368	0.452
	jal	司法援助力度	缓、减、免诉讼费增长率	0.216	0.821
	lpf	彩票公益金使用率	彩票公益金支出/本级公益金总收入	0.443	0.162
环境保护	aqr	空气质量达标率	空气质量达到Ⅱ级以上天数/全年天数	0.839	0.155
	ghd	生活垃圾无害化处理率	无害化处理城市生活垃圾数量/市区生活垃圾产生总量	0.843	0.182
	fwd	生活污水实际处理率	生活污水实际处理量/生活污水排放量	0.779	0.251
	swu	工业固体废物综合利用率	利用量/产生量	0.694	0.203

续表

项目		指标名称	含义	均值	标准差
环境保护	iws	工业废水达标排放率	工业废水排放达标量/工业废水排放量	0.602	0.319
	fcr	森林覆盖率	森林面积/土地总面积	0.337	0.184
	gcr	建成区绿化覆盖率	城市建成区绿化覆盖面积/建成区总面积	0.392	0.037
	cec	地区单位生产总值清洁能源能耗比重	单位生产总值电耗/单位生产总值能耗	0.176	0.028
	uee	突发环境问题防控水平	突发环境事件次数	17.34	33.235
	evb	社会矛盾控制水平	环境来访批次增长率	1.412	5.068
行政管理	psf	政府一般公共服务效率	一般公共服务支出/一般预算收入	0.309	0.328
	pfn	财政资金无效使用率	违规、损失浪费等金额/财政支出总额	0.384	0.246
	aee	行政管理支出弹性	一般公共服务支出增长率/GDP增长率	0.857	1.012
	cip	人均行政管理支出成本收入比	人均一般公共服务支出/人均可支配收入	0.071	0.074
	usi	非国有经济固定资产投资比重	非国有经济固定资产投资/全社会固定资产投资	0.319	0.107
基础设施建设	wr	用水普及率	城市非农业用水人口数/城市非农业人口数	0.972	0.043
	gr	燃气普及率	城市用气非农业人口数/城市非农业人口总数	0.902	0.101
	dpd	排水管道密度	排水管道长度（千米）/城区面积（平方千米）	2.626	1.318
	stl	城市日污水处理水平	城市污水日处理能力/城市日供水量	0.932	0.344

续表

项目		指标名称	含义	均值	标准差
基础设施建设	gdc	生活垃圾日处理能力	日无害化处理能力/日生活垃圾清运量	0.925	0.293
	inr	互联网普及率	互联网宽带接入端口/家庭户数	0.457	0.165
	mtc	移动电话通信能力	移动电话交换机容量/移动电话用户	1.829	0.312
	ptcr	公共交通覆盖率	公共交通路网里程/城镇道路里程	2.068	0.931
	tc	运输能力水平	高速公路里程/公路总里程	0.049	0.017
	pnd	邮政网点密度	营业网点数/人口数（万人）	0.774	0.358
	rwi	农村水利基础设施水平	有效灌溉面积/农作物总总播种面积（千公顷）	0.465	0.174

4.1.2 因子分析与绩效产出

由于反映辖区各公共支出领域的绩效指标较多，为了使所要研究的问题更为集中明确，首先，利用因子分析方法将众多原始变量综合成少数相互独立且包含原始变量大部分信息的代表性公共因子。根据KMO值和Bartlett球形检验可知，KMO值普遍在0.7~0.8之间，Bartlett球形检验观测值的P值为0或接近0，说明辖区七大公共支出领域绩效指标之间的相关程度较高，适合采用因子分析方法。

根据原始绩效指标变量的相关系数矩阵及主成分法求得非负特征值，结果表明，基础教育、公共卫生、社会治安、社会保障、基础设施建设五个领域特征根大于1的公共因子分别为4个，环境保护与行政管理领域分别为3个，且经方差极大值旋转后，累计方差贡献率平均接近70%（见表4-2），说明各领域的公共因子包含了原始绩效指标变量的足够信息。

接下来，利用各领域的公共因子特征值与对应的特征向量计算出因子载荷矩阵，并采用方差最大法对因子载荷矩阵进行正交旋转，得到旋

表4-2　　各辖区七类公共支出领域绩效指标变量总方差分解

因变量	公共因子	初始特征值			正交旋转后		
		特征值	方差贡献	累计贡献	特征值	方差贡献	累计贡献
基础教育	F1	6.549	0.427	0.427	4.764	0.307	0.307
	F2	1.939	0.120	0.547	2.984	0.181	0.488
	F3	1.677	0.103	0.65	2.367	0.142	0.630
	F4	1.469	0.088	0.738	1.519	0.108	0.738
公共卫生	F1	2.843	0.297	0.297	2.192	0.224	0.224
	F2	2.138	0.219	0.516	2.113	0.216	0.435
	F3	1.382	0.135	0.651	1.995	0.203	0.633
	F4	1.234	0.118	0.769	1.297	0.136	0.769
社会治安	F1	1.840	0.186	0.186	1.802	0.179	0.179
	F2	1.653	0.165	0.346	1.651	0.194	0.373
	F3	1.516	0.150	0.496	1.466	0.135	0.508
	F4	1.314	0.127	0.623	1.405	0.115	0.623
社会保障	F1	3.118	0.268	0.268	2.991	0.253	0.253
	F2	2.170	0.175	0.443	1.984	0.149	0.402
	F3	1.484	0.120	0.563	1.647	0.154	0.556
	F4	1.445	0.114	0.677	1.596	0.121	0.677
环境保护	F1	3.087	0.302	0.302	2.464	0.260	0.260
	F2	1.682	0.161	0.463	2.009	0.196	0.456
	F3	1.585	0.154	0.617	1.880	0.161	0.617
行政管理	F1	2.486	0.384	0.379	2.350	0.369	0.369
	F2	1.305	0.187	0.566	1.368	0.206	0.575
	F3	1.252	0.178	0.744	1.326	0.169	0.744
基础设施建设	F1	3.828	0.333	0.328	3.592	0.271	0.271
	F2	2.150	0.182	0.510	1.964	0.171	0.442
	F3	1.320	0.115	0.625	1.704	0.179	0.621
	F4	1.231	0.097	0.722	1.270	0.101	0.722

转后的因子载荷矩阵，再利用原始绩效指标变量及其相关系数矩阵求得各公共支出领域每一个公共因子的因子得分，并以每个公共因子方差占同一领域公共因子累计方差的比例作为权重得到综合因子得分。由于书中使用的是面板数据，因此，仅以2018年的截面数据为例，给出各地区七类公共支出领域的综合因子得分结果（见表4-3），其他年份的计算过程同理[①]。

运用因子分析对原始绩效指标变量进行降维处理并计算得到各公共因子的因子得分，其目的有二：一是各领域的综合因子得分可以作为原始数据直接表示该领域公共支出绩效水平本身；二是将得到的各领域公共支出绩效主成分因子得分作为原始数据重新定义为下文DEA分析中的绩效产出。

4.1.3 DEA-Malmquist效率评价

DEA包络数据分析模型由于相对于函数型形式参数估计方法在模型假设、参数检验、权重设置等方面所拥有的特殊优势自20世纪70年代以来已被广泛应用于经济管理的绩效研究领域（Charnes、Cooper和Rhodes，1978）。基于本书所使用面板数据的特征，同时考虑到DEA相对效率测量是以特定期间生产技术不变为前提的，因此，需要一种既能对同一时期不同决策单元进行效率比较，又能对同一决策单元不同时期效率变化进行比较分析的评价方法，因此，本书借助基于DEA评价方法构建的Malmquist效率指数（M）来解决以上问题（Fare、Grosskopf，1992）。

书中将辖区范围划定为省，并将每个省视为一个决策单元（DUM），以各省研究期内在七类公共支出领域的财政支出作为投入，以相应财政支出绩效的主要公共因子得分为产出，通过Malmquist效率指数测算，既可以得到每前后两期的相对效率变化值，也可以得到研究期内的平均跨期效率指数，同时，还能对综合绩效进行分解以进一步分

① 此处因子分析的主要目的是得到各公共因子得分，从而定义DEA分析中的绩效产出，因此，暂不需要按照得分进行排序分析。

表4-3　　2018年各辖区七大公共支出领域综合因子得分

地区	$\tilde{F}_e$	$\tilde{F}_h$	$\tilde{F}_s$	$\tilde{F}_{ss}$	$\tilde{F}_{ep}$	$\tilde{F}_a$	$\tilde{F}_i$
北京	1.262	0.503	-0.207	1.981	0.811	-0.135	0.846
天津	0.946	0.235	-0.684	-0.078	0.28	-0.234	0.967
河北	0.357	-0.102	0.089	-0.294	0.003	0.02	0.426
山西	0.433	-0.215	1.676	-0.2	-0.166	0.603	0.367
内蒙古	0.569	-0.147	0.358	-0.032	0.024	-0.102	0.235
辽宁	0.739	-0.03	0.319	0.078	-0.045	-0.038	0.46
吉林	0.616	-0.232	-0.191	-0.416	-0.012	0.121	0.101
黑龙江	0.474	-0.107	0.186	-0.253	-0.156	0.165	0.27
上海	1.258	0.481	1.181	0.507	0.629	0.196	0.905
江苏	1.032	0.378	-0.083	1.153	0.668	0.012	0.801
浙江	1.022	0.395	1.38	0.864	1.243	-0.066	0.767
安徽	0.135	-0.116	0.091	0.007	0.337	0.243	0.478
福建	0.449	0.313	0.379	-0.122	0.859	0.238	0.689
江西	-0.146	-0.036	-0.211	-0.061	0.303	-0.194	0.202
山东	0.671	1.201	-0.321	-0.044	0.595	0.948	0.484
河南	0.029	0.192	-0.103	-0.222	0.071	-0.018	-0.103
湖北	0.686	0.101	-0.063	-0.294	0.198	-0.202	0.283
湖南	0.318	0.142	0.162	-0.301	0.069	0.211	0.179
广东	0.555	0.524	0.111	2.036	0.705	0.069	0.535
广西	-0.075	1.954	-0.124	-0.384	0.231	0.225	0.373
海南	0.181	0.421	0.007	-0.045	0.267	0.543	0.296
重庆	0.283	0.519	0.198	0.234	0.359	0.388	0.169
四川	0.222	0.472	-0.198	-0.206	-0.161	-0.233	0.043
贵州	-0.041	0.173	0.21	0.696	-0.04	-0.01	-0.484
云南	-0.049	0.936	-0.468	-0.197	0.179	-0.293	-0.353
西藏	0.109	-0.629	0.554	-0.928	-1.192	0.767	-1.361
陕西	0.396	0.001	0.148	-0.042	0.449	-0.249	0.401
甘肃	0.089	-0.14	-0.065	-0.172	-0.443	0.536	-0.133
青海	0.265	-0.365	0.228	0.066	-0.444	-0.061	0.052
宁夏	0.165	0.154	0.171	0.022	0.2	-0.001	-0.072
新疆	0.288	1.04	0.482	-0.002	-0.473	0.304	0.41

注：$\tilde{F}_e$、$\tilde{F}_h$、$\tilde{F}_s$、$\tilde{F}_{ss}$、$\tilde{F}_{ep}$、$\tilde{F}_a$、$\tilde{F}_i$分别代表基础教育、公共卫生、社会治安、社会保障、环境保护、行政管理、基础设施建设七个领域2018年各地区的综合因子得分。

析效率变化的原因①。各地区七类公共支出领域投入绩效Malmquist效率指数如下：

$$M(x_t,y_t,x_{t+1},y_{t+1})=\left[\frac{D^t(x_{t+1},y_{t+1})\cdot D^{t+1}(x_{t+1},y_{t+1})}{D^t(x_t,y_t)\cdot D^{t+1}(x_t,y_t)}\right]^{1/2} \quad (1)$$

其中，t、t+1表示两个相邻年份；（x_t，x_{t+1}）、（y_t，y_{t+1}）分别表示第t年、第t+1年的投入向量和产出向量。本书的Malmquist效率指数测算为单投入多产出测度，x为一维投入向量，即各省研究期内某类公共服务领域的财政支出；y为多维产出向量，即相应领域财政支出绩效各公共因子得分。D^t、D^{t+1}分别表示两个年份均以第t年技术为依据的产出距离函数。当M>1时，说明绩效水平提升；当M=1时，表示绩效水平不变；当M<1时，表明绩效水平下降。本书研究期内各地区七类公共支出领域Malmquist全要素效率指数的实证结果见表4-4。

表4-4 **各辖区七类公共支出领域Malmquist全要素效率指数（2008—2018）**

地区	基础教育	公共卫生	社会治安	社会保障	环境保护	行政管理	基础设施建设
北京	0.967	0.992	0.989	1.064	1.094	1.052	0.971
天津	0.972	0.975	0.996	1.054	1.072	1.021	0.973
河北	0.982	0.943	0.991	1.042	0.969	1.099	0.975
山西	0.954	0.975	1.005	1.022	0.972	1.031	1.001
内蒙古	0.944	0.982	1.004	1.029	0.971	0.923	0.974
辽宁	0.981	0.977	1.022	1.039	0.966	1.027	0.979
吉林	0.945	0.978	1.018	1.029	0.973	0.996	0.995
黑龙江	0.968	0.975	1.026	1.028	0.988	0.934	0.996
上海	0.982	0.973	1.024	1.025	0.975	1.013	0.998
江苏	0.968	0.977	1.027	1.018	0.977	1.035	1.015

① Malmquist综合效率指数还可以分解为技术进步（TP）、纯技术效率（PC）、规模效率（SC）的乘积，然而，由于本书关注的是以上因素背后影响公共支出绩效水平更为具体的原因，因此，这里暂不在这一层次上讨论对综合效率指数的分解。

续表

地区	基础教育	公共卫生	社会治安	社会保障	环境保护	行政管理	基础设施建设
浙江	0.987	0.979	1.005	1.026	0.968	1.037	1.008
安徽	0.949	0.965	1.008	1.027	0.981	1.034	1.016
福建	0.957	0.976	1.015	1.028	0.974	1.022	0.994
江西	0.943	0.928	1.012	1.040	0.980	0.986	1.027
山东	0.942	0.922	1.012	1.025	0.985	1.097	0.998
河南	0.972	1.008	1.014	1.024	0.991	1.062	1.008
湖北	0.993	1.054	1.034	1.042	0.986	0.057	1.001
湖南	0.952	1.095	1.028	1.052	1.007	1.034	0.999
广东	0.948	1.057	1.008	1.048	1.017	0.933	1.006
广西	0.915	1.094	1.024	0.993	1.031	0.915	1.003
海南	0.974	0.975	1.021	1.006	1.047	0.981	1.009
重庆	0.948	1.052	1.022	1.018	1.023	1.022	1.021
四川	0.967	1.067	1.007	1.043	1.035	1.111	1.023
贵州	0.983	1.034	1.037	1.013	1.042	1.067	1.035
云南	0.979	0.952	1.009	1.016	1.037	1.106	1.027
西藏	0.963	0.968	1.013	1.018	1.038	0.903	1.024
陕西	0.964	1.071	1.016	1.027	1.046	0.913	1.014
甘肃	0.983	1.069	1.015	1.022	0.984	1.038	1.023
青海	0.973	1.064	0.992	1.076	0.942	1.076	1.021
宁夏	0.946	1.065	1.003	1.048	0.951	1.048	1.019
新疆	0.964	1.026	1.013	0.979	0.972	0.953	1.004
平均	0.955	0.949	0.989	1.066	1.094	1.027	0.975

注：运用DEA分析软件计算而得。全要素效率指数平均值为几何均值。

4.2 辖区公共品有效供给的均衡分析与治理启示

强调结果导向的辖区公共支出绩效测度为衡量区域公共利益维护与基层社会治理水平提供了客观载体，但如何看待和评价以上测量结果，则还需要规范的理论标准，下文将从辖区公共品供需均衡的视角，并引入公共服务需求方与供给方的行为特征，研究辖区公共品的有效供给问题，以及由此带来的基层社会治理启示。

4.2.1 辖区公共品供需效用函数的构建与绩效最优化条件

首先，辖区居民公共品需求效用函数有其自身的优化过程，具体表现为构建起以公共服务绩效水平与私人资本收益为代表的需求偏好模型，并重点将“不平等厌恶模型”（FS-ERC）所体现出的社会偏好引入辖区居民公共服务需求效用函数的构建，以此综合反映居民在辖区公共品消费中有限理性决策对需求效用的影响。其次，辖区公共品供给效用函数同样也有其自身的优化过程，具体表现为基于累积前景理论及其模型构建起的辖区政府公共服务供给效用函数，将以公共支出绩效为核心的预算管理等制度因素融入辖区政府公共服务供给过程中的风险偏好表达，使得供给侧的最优效用求解更具现实意义。最后，将供需双方各自优化结果的相互匹配作为辖区公共品最优绩效的均衡条件，从而得到最优绩效及其影响因素之间的假设关系。

（1）辖区居民公共服务需求效用函数构建及最优条件求解

书中沿用龚锋和卢洪友（2009）、陆超云和冯海波（2015）等人在构建公共支出需求函数时的思路并以公共服务绩效水平的引入加以调整。首先，以古典经济学理性人假设为基础，定义辖区居民从公共服务中获取的效用水平主要受到两方面因素影响：一是来自私人品的机会效用水平，这里假设私人品效用主要受到人均资本收益（K）（如储蓄、投资等）和消费（C）的影响；二是公共服务本身所能达到的绩效水平（r）和辖区居民收入水平（Y）的情况。为了突出研究主题，简化模型，本书仅以私人资本收益（K）代表私人品效用。更为重要的是，与其他

探讨居民公共品效用函数模型构建不同，本书考虑到辖区公共服务消费者在居民收入水平差异上的有限理性行为决策因素，即不平等厌恶心态也将会影响居民的需求效用水平。显然，将不平等厌恶的经典模型FS-ERC效用函数（Fehr和Schmidt，1999；Bolton和Ockenfels，2000）运用到中国，还需要根据实际情况做出一些假设调整。一是，由于无法获得辖区居民收入的真实微观数据，在数理模型的构建上，将省级辖区的地级市视为“居民”，把中位地级市居民的平均收入水平看作是全省中位居民的收入水平。二是，利用$|\Delta Y|$综合替代辖区居民在收入水平上的劣势不平等与优势不平等两个方面的心理效用，并以$|\Delta Y|$对r的反应程度ϑ代替不平等厌恶系数[①]。同时，考虑到辖区公共品最优绩效受到政策与计划周期、预算制度改革、客观经济与政治环境等因素变化的影响，其研究从相对一段时间内的动态分析角度着眼更为现实。因此，辖区居民公共服务需求效用函数定义如下：

$$F(K,Y,\Delta Y,t)=\int_{\theta}^{t}\frac{K^{1-\alpha}Y^{1-\delta}}{(1-\alpha)(1-\delta)}\cdot\frac{|\Delta Y|^{1+\vartheta}}{1+\vartheta}\cdot e^{-\phi t}dt \tag{2}$$

（2）式中定义辖区居民收入水平Y与公共服务绩效水平r之间的关系（绩效函数）为：

$$Y=a+bN^{\theta}r \tag{3}$$

（3）式中N^{θ}反映了辖区内人口因素（N）对个人可得公共服务的“拥挤效用”（Guengant等，2002）[②]，并对公共服务绩效水平与居民收入水平的关系产生影响。此外，沿用Borcherding和Deacon（1972）、Means和Mehay（1995）在公共支出需求模型构建中的做法，如果设q为实际的人均公共服务供给量，Z为辖区公共服务的供给总量，则有：

$$q=Z\cdot N^{\theta} \tag{4}$$

（2）式中的α与δ分别识别了居民在私人资本效用与公共服务效用上的偏好异质性。同时，定义$\Delta Y=Y-y_m$，y_m为辖区中位居民的平均收入水平，ΔY反映了辖区居民收入水平之间的偏差，即不平等感受。ϑ体

---

① FS-ERC模型的表达式为：

$$U_i(x)=x_i-\gamma_i\frac{1}{n-1}\sum_{j\neq i}\max\{x_j-x_i,0\}-\eta_i\frac{1}{n-1}\sum_{j\neq i}\max\{x_j-x_i,0\}$$

其中：γ与η分别代表劣势与优势不平等厌恶系数。

② N^{θ}中的θ为q对N的弹性系数，通常$\theta<0$意味着辖区公共品供给在居民中存在“拥挤效用”。

现了$|\Delta Y|$对r的反应程度，并借鉴Frisch劳动弹性的函数形式（MaCurdy Thomas，1981），设定ϑ为不平等感受$|\Delta Y|$对公共服务绩效水平r的供给弹性的倒数。ϑ值越小，$|\Delta Y|$的变化也就越大，居民收入水平的不平等感受就越强烈，因此，可将ϑ定义为综合不平等厌恶系数（即涵盖了劣势不平等与优势不平等）。

显然，书中辖区居民公共服务需求效用函数的构建与公共品均衡的古典模型相比较，存在两个方面的主要改进：一是将公共品消费需求的含义进一步具体化为以公共服务绩效为核心的辖区居民收入函数，这使得后续分析更具有现实意义，并突出了公共服务绩效需求对于公共品消费需求的替代；二是重点考虑到了辖区公共品消费者的有限理性行为决策因素对居民需求效用的影响，其核心是对主观税负不平等厌恶的考量。

根据以上辖区居民公共服务需求效用函数的定义以及最优控制理论可知，（2）式中r为控制变量，并同时与两个状态变量K与ΔY存在联系，其对应的约束条件可分别表述为：

$$K' = f(K, r) - C - T \quad 且 \quad K(0) = K_0,\ K(t) \geq 0 \tag{5}$$

$$\Delta Y' = |Y - y_m|,\ 且\ \Delta Y(0) = A,\ \Delta Y(t)\ 自由 \tag{6}$$

其中，实际税收成本T不是常数，是随着f（K，r）变化的量，并假设线性税率τ，因此，$T=\tau f(K, r)$，进一步可得，$K' = (1-\tau) f(K, r) - C$。同时，为与（2）式的假设保持一致，定义f（K，r）为居民个人的产出函数，并具有C-D生产函数的形式：

$$f(K, r) = A \cdot K^{\xi} \cdot r^{1-\xi},\ A为常数项 \tag{7}$$

接下来，根据最优控制理论及模型的约束条件，定义现值Hamilton函数如下：

$$H = \frac{K^{1-\alpha} Y^{1-\delta}}{(1-\alpha)(1-\delta)} \cdot \frac{|\Delta Y|^{1+\vartheta}}{1+\vartheta} + \lambda^{-\phi t}[(1-\tau)f(K,r) - C]|Y - y_m| \tag{8}$$

由最大值原理，并将（3）[①]式与（7）式分别代入求解过程，得到两项同时满足（5）式与（6）式约束条件的居民公共品需求效用最优化条件：

$$K = \frac{1-\alpha}{1-\delta} \cdot \omega \cdot r \tag{9}$$

① 为了便于计算，（4）式中省略了截距项a，仅以斜率b的不同代表各辖区居民在绩效函数上的差异。

$$|Y-y_m|=\vartheta \tag{10}$$

其中，$\omega=f_r'/f_k'$，即公共服务绩效r相对于私人资本收益K的弹性。

（2）辖区政府公共服务供给效用函数构建及最优条件求解

书中依据Tversky和Kahneman（1992）的累积前景理论模型（CPT），引入基于公共支出绩效结果的政府预算制度因素，构建了辖区政府公共服务供给效用函数，以此刻画辖区政府在公共服务供给过程中面对不同预算执行绩效结果时的风险偏好因素的客观选择。显然，累积前景理论的中国实践并不缺少假设前提，首先，在我国政府预算制度不断改革完善的大环境下，提供具体公共服务的辖区公共部门始终面临着预算遵从、执行偏差、周期调整、绩效预期等情况的风险偏好选择，其预算行为综合反映了公共服务供需各方的利益冲突（马蔡琛、赵灿，2013）。其次，由于公共属性的趋同，假设辖区内不同公共部门具有相似的风险偏好，并将辖区公共部门的供给行为作为政府公共服务供给效用函数构建的切入点更为现实可行。

累积前景理论模型的效用函数如下：

$$V(f)=\sum_{i=-m}^{\infty}\pi_i\upsilon(x_i) \tag{11}$$

其中，$\upsilon(x_i)$为价值函数，π_i为概率函数（Prelec，1998），可分别表示为：

$$\upsilon(x)=\begin{cases}x^{\sigma} & x\geqslant 0\\ -\lambda(-x)^{\mu} & x\leqslant 0\end{cases}\quad \pi(p)=\exp[-(-\ln p)^{\gamma}] \tag{12}$$

（12）式中σ、μ为风险厌恶程度，λ为损失厌恶系数，υ反映了权重函数曲线的凸凹情况。

首先，在价值函数$\upsilon(x)$方面，本书将（12）式中价值函数的自变量x定义为辖区公共部门在公共服务供给过程中所实现的不同绩效水平可能面临的奖励或惩罚[①]，同时，定义Δr为实际供给绩效与需求绩效水平之间的差距。那么，可以假设x与Δr之间存在S型曲线的函数关

① 根据绩效预算等预算管理制度的要求，可以假设产生优秀公共服务供给绩效的政府部门可以获得当前以及未来的物质和精神的双重收益，如预算资金追加、职务晋升、政绩奖励，以及资金分配权力扩大、薪酬提升、良好的社会声誉与上级评价所得到的心理满足感。与之相反，政府部门也会付出当前以及未来的物质和精神的双重成本，如已投入预算资金与后续维持资金的损失浪费、预算资金难以扩大甚至追减，以及社会与上级的负面评价、部门与个人名誉和职业生涯的损失所带来的心理压力、负担、愧疚感等。

系[①]，以此将公共服务供给绩效通过价值函数引入基于累积前景理论模型构建的辖区政府公共服务供给绩效函数，具体函数形式如下：

$$x = \frac{2}{1 + e^{\Delta r - a}} - 1 \quad (13)$$

其中，$x \in (-1, \frac{2}{1 + e^{-a}})$，x有下界无上界；$\Delta r \in (0, +\infty)$，Δr有下界无上界。$a=r_{t-1}$为前一期绩效水平，当Δr=a时，x=0为奖惩分界点。x与Δr之间的具体函数图像及特征可描述为图4-1：

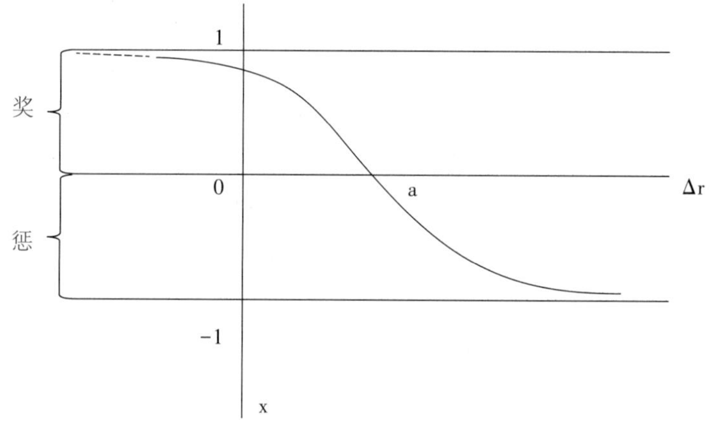

图4-1 x与Δr之间的函数关系图像

可见，图4-1中x所代表的绩效奖惩的各自力度将随着Δr的减小或增大而逐渐加强，同时，存在着奖励的最大值与惩罚的极限值，函数曲线也反映出奖惩力度存在各自的拐点，而基于累积前景理论，此价值函数存在两个参照点，一是Δr=0时的供给绩效所对应的最大奖励力度点，二是$\Delta r=a=\Delta r_{t-1}$时的奖惩分界点。这说明，一方面，公共部门所提供公共服务取得的绩效水平对应的奖惩力度都是有限的，另一方面，越是显著的绩效提升或是绩效下降所面对的奖惩力度也就越大，反之则不明显。产生这种变量之间的变化规律的原因可归结为现实政府预算制度中的预算模式（如是否跨年度、是否以绩效为核心），预算分配行为、指标额度管理、结余资金处理，以及政治博弈、政策导向、法律条款等的各种约束条件。显然，以上描述是充分考虑了现实中的政府预算制度及

① S型曲线的具体函数形式借鉴了Tan-Sigmoid函数（双曲正切S型函数），并在此基础上进行变换而来，由于该函数的取值及连续、单调特征十分符合x与Δr之间关系的理论描述，因此，书中采用此种形式定义价值函数x的最终取值。

其管理机制设计的。

其次，在概率函数π（p）方面，根据价值函数的模型描述，可以依据参照点将公共部门实现不同供给绩效水平时的奖惩情况、决策权重及其决策过程阐释如图4-2所示：

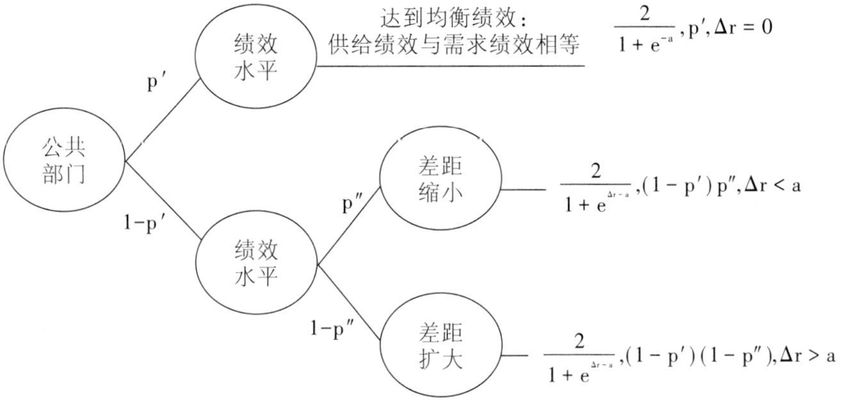

图4-2　政府部门公共服务供给绩效实现的行为决策过程

其中，p′为实现均衡绩效，即供给绩效与需求绩效相等时的概率值，p″为供给绩效与需求绩效不等，但差距缩小时的概率值。$\frac{2}{1+e^{\Delta r-a}}$为不同绩效水平下公共部门的奖惩力度。

根据模型假设不难发现，无论是从价值函数还是从概率函数的角度，公共部门想要实现奖励（收益）最大化的唯一条件为供给绩效完全满足需求绩效，即二者之间差距为0。然而，有理由假设现实中满足这一条件的概率是相对较小的，或者说这很可能是统计意义上的一个小概率事件。进一步而言，如果这一假设成立，根据累积前景理论，人们往往高估小概率事件而低估大概率事件，概率（权重）函数曲线将呈反转的S型，即υ<1。

最后，由综合模型中价值函数与概率函数的取值特征可知，当Δr=0，p=p′时，政府公共服务供给效用实现最大化，此时的供给效用最大值为：

$$V(f)=\left(\frac{2}{1+e^{-a}}-1\right)^{\sigma}\cdot\exp[-(-\ln p')]^{\upsilon} \tag{14}$$

与传统公共品均衡模型相比，公共品供给效用函数往往以假设条件下的生产可能性曲线予以表示，其虽然满足古典理性分析假设，但实则缺乏对以辖区政府为主导的公共品供给客观行为的具体描述与考量。书中基于累积前景理论客观分析了政府公共部门在公共服务供给过程中对于不同绩效水平的主观效用判断，显然，供给绩效的提升、下降、不变，对于每个公共部门而言，或是奖励、或是惩罚，一定会受到某种形式的效用影响，同时配合以概率函数分析，将政府公共部门的理性与行为决策统一在一起分析，最终得出更为贴近现实的辖区政府公共服务供给效用函数。

（3）辖区公共品有效供给的一般均衡条件及模型假设

从理论假设的角度看，以最优绩效为核心变量的辖区公共品有效供给研究为偏好与效用的有机结合提供了良好契机。本书暗含了一个从辖区公共品供需主体绩效偏好到效用实现的重要函数表达假说，即首先承认绩效偏好的客观性，之后在绩效偏好的满足过程中产生了效用（Cooper 和 Rhodes，1979；O'Flynn，2007），而通过实证分析证明了的效用正负与大小又会反作用于绩效偏好本身。从模型构建与实证分析的角度看，一方面，辖区公共服务供需效用函数构建的基础，即辖区公共服务的需求绩效与供给绩效（r），二者在公共服务绩效水平的客观评价上具有同质性，以此为核心所表达出的辖区公共服务供需效用水平则具有理论上的可比性；另一方面，基于 Brueckner（1982）、Holzer 和 Kathryn（2005）、Lars（2008）等学者在公共部门效率研究中所普遍采用的一般均衡分析方法，首先在确定需求方效用最优化的前提下，设定供给方的最优效用水平与其相等，这符合现实中公共部门为人民服务，以满足居民公共需求为使命的法理依据与存在意义。换句话说，以供给绩效为核心的辖区政府公共服务供给效用，应以满足需求绩效为核心的辖区居民公共需求效用为最终目标，只有基于供需绩效导向的供需效用水平相一致，才能得出辖区公共品有效供给的一般均衡表达，并在此基础上展开相关影响因素的实证研究。因此，根据上述模型构建及其最优化求解的结论，定义辖区公共服务的居民需求绩效与政府供给绩效的最优值相等时，居民需求效用水平等于政府供给效用水平，即：

$$F_m(K, Y, \Delta Y, t) = V_m(f) \tag{15}$$

此时，将（8）式与（9）式代入（1）式中，并对时间t展开积分求解，其结果即为F_m，同时，以（13）式代表V_m（f），可得：

$$\frac{(\frac{1-\alpha}{1-\delta}\pi r)^{1-\alpha}(bN^{\theta}r)^{1-\delta}}{(1-\alpha)(1-\delta)} - \frac{1}{1+\vartheta} = (\frac{2}{1+e^{-a}} - 1)^{\sigma}\exp[-(-\ln p')^{\upsilon}] \tag{16}$$

对（16）式两边取对数并整理可得：

$$\ln r = \frac{\sigma\ln(\frac{2}{1+e^{-a}} - 1) - (-\ln p')^{\upsilon} + \ln(1-\alpha)(1-\delta) - \ln(1+\vartheta)}{(1-\alpha)\ln\frac{1-\alpha}{1-\delta} + \ln\omega + (1-\delta)b\ln N^{\theta}} \tag{17}$$

需要进一步说明的是，为了便于之后的实证研究，可将（17）式中居民公共品与私人品的偏好系数进行简化处理，即若定义1-δ为∂，则1-α为1-∂。

至此，对（17）式的表达式进行综合分析不难发现，辖区公共服务供需绩效均衡时的绩效水平受到来自前期绩效水平$a=r_{t-1}$、风险偏好的概率权重p′、居民公共服务消费偏好∂、不平等厌恶系数ϑ、公共服务绩效相对于私人资本收益的弹性ω，以及人口因素N的影响。其中，∂、ω与r直接相关，ϑ、N、r_{t-1}、p′与r间接相关，ϑ代表辖区居民公共服务需求效用函数中的核心变量，r_{t-1}、p′反映的是辖区政府公共服务供给效用函数中的主要变量。[①]因此，依据各核心因素所在（17）式中分子分母的位置、符号，以及间接关系式，可以对模型进行如下假设，见表4-5。

4.2.2 基于结构方程模型的分析

书中同样选取了基础教育、公共卫生、社会治安、环境保护、社会保障、行政管理、基础设施建设七类地方政府主要的公共服务供给领域展开实证研究，基于上文辖区公共支出绩效评价结果与数理模型的推导结论，确定因变量r的获取方法，并依据变量的理论含义与实证需要确定自变量的取值。

---

① 这里需要指出的是，∂所代表的辖区居民公共服务消费偏好、ω所反映的辖区公共品绩效水平的私人资本弹性，以及人口要素N与r之间的相互关系较容易判断，且其影响程度存在地域差异，同时，本书是以模型中的有限理性变量为主要考察对象的，因此，以上三类变量将作为外生变量参与到下文的实证分析。

表4-5 模型主要自变量含义与研究假设

自变量	含义	假设1	假设2
$f(\vartheta)$	$f(\vartheta)=1/1+\vartheta$ 即不平等厌恶系数的线性函数值	$f(\vartheta)$ 与r正相关	ϑ 与r负相关
$f(r_{t-1})$	$f(r_{t-1})=\frac{2}{1+e^{r_{t-1}}}-1$ 即滞后一期绩效值 r_{t-1} 的指数函数值	$f(r_{t-1})$ 与r正相关	r_{t-1} 与r负相关
$f(p')$	$f(p')=1/p'$ 即风险偏好概率值 p' 的倒数	$f(p')$ 与r负相关	p' 与r正相关

（1）估计方法

考虑到辖区各公共服务领域的公共支出同为一个预算盘子，彼此之间的预算增减与绩效变化很可能存在相互影响，在这种情况下，仅使用单方程估计略显不足，因此，本书采用结构方程似不相关回归方法（SUR）对基础教育等七类辖区公共服务最优绩效方程进行总体估计，并同时采用加权二阶段最小二乘法（W2SLS）对各领域的最优绩效方程进行单方程估计，从而增强实证结果的可信度。根据上文推导出的辖区公共品有效供给的一般均衡条件（（17）式），可以初步判断并假设辖区公共品最优绩效与滞后一期绩效值、风险偏好概率值、不平等厌恶系数三个核心变量之间的相互关系。显然，（17）式是在剔除同时以相同符号出现在分子与分母中的变量，并将一系列非核心变量设定为外生变量后，整理得到的本书实证结构模型的随机结构方程：

$$\ln r_{it}^{j}=C^{j}+c_1\ln f(r_{it-1}^{j})+c_2\ln f(p_{it}^{j})+c_3\ln f(\vartheta_{it}^{j})+\varepsilon_{it}^{j} \tag{18}$$

（j=1，…，7；i=1，…，31；t=1，…，7）

其中，j代表各不同方面的辖区公共服务最优绩效方程；i代表横截面样本；t代表时间序列；ε 为随机扰动项；r_{it}^{j} 即为第j个方程第i个样本第t期的最优绩效水平。

（2）变量说明与数据处理

因变量r的测度指标选取及数据处理如上文所述，同时，依据

（18）式及表4-5，实证分析中所涉及的核心内生变量共3个。其中，取r_{t-1}值为研究期的滞后一期数据。p′被定义为统计意义上的小概率，即0<p′<0.1，同时，采用DEA效率分析法，测算出研究期内Malmquist效率指数的几何平均值并对其进行排序，进而以此为依据，从高到低以等差数列方式设定各省级辖区p′值（见表4-6）。ϑ被定义为$|\Delta T|$对公共服务绩效水平r的供给弹性的倒数，因此，分子分母同样采用差分形式取值。此外，书中综合确认了辖区居民公共服务消费偏好∂、辖区公共品绩效水平的私人资本弹性ω，以及辖区人口因素N三类外生变量，其中，∂的取值由于包含要素较多①，故此也采用因子分析法获取其综合因子得分作为其取值依据，ω的分子分母采用差分形式取值②，N选择辖区人口密度确定其取值③。

（3）内生性检验与结构方程识别

（17）式中的各自变量是否对因变量r具有显著的客观影响需要经过内生性检验予以证实，并观察检验结果是否符合结构方程的识别条件，从而采用结构方程形式对模型进行估计。结合面板数据的特征，使用Hausman内生性检验（见表4-7），从结构方程总体及各自变量角度考察内生性问题。

从表4-7的检验结果可以看出，在结构方程总体内生性检验方面，除了行政管理领域没能通过检验外，其他六个领域均证明了变量内生性关系的显著性。从单个自变量的角度来看，（17）式中的核心内生变量除了在个别方程中未表现出显著的内生性外，在绝大多数领域均通过了内生性检验。同时，不难发现，结构方程中每个方程所包含的具有显著内生性的自变量不完全相同，且所选取的自变量至少在两个方程中显著。因此，采用结构方程形式展开实证研究是可行的。

---

① 辖区居民之间的合作意愿直接影响了当地居民在公共服务消费上的偏好（王赟等，2016），书中从辖区间的文化差异（分为东北、西北、西南、中原、江南、岭南六个区域，以虚拟变量表示）、居民社会角色（人均实际GDP、地区基尼系数、劳动力产业结构、受教育程度、城镇化水平）、人口年龄特征（老龄化程度）、辖区民生支出水平、对外开放程度（进出口额占GDP比重）等方面对辖区居民公共服务消费偏好进行了指标评价与主成分分析，得到来自其主要公共因子的综合因子得分作为辖区居民公共服务消费偏好变量的取值。

② 分子为r的差分变量，分母K的取值选用各地区资本形成总额占地区15岁以上人口数的比例。

③ 人口密度=地区总人口÷辖区面积。

表4-6 各辖区七类公共服务领域Malmquist全要素效率指数排序（2008—2017）

基础教育		公共卫生		社会治安		社会保障		环境保护		行政管理		基础设施建设	
宁夏	0.942	新疆	3.021	安徽	2.459	广西	2.952	陕西	2.131	江苏	4.253	宁夏	2.451
青海	0.873	宁夏	2.673	福建	1.915	吉林	2.894	四川	1.953	浙江	3.933	青海	2.053
甘肃	0.840	湖北	2.164	重庆	1.181	海南	2.647	云南	1.861	重庆	3.227	新疆	1.375
黑龙江	0.810	广西	1.894	辽宁	1.158	天津	2.471	重庆	1.519	贵州	3.204	湖北	1.106
河南	0.772	河南	1.677	广东	1.111	河北	2.426	贵州	1.413	山西	2.964	天津	1.06
新疆	0.764	重庆	1.648	广西	1.076	北京	2.076	海南	1.364	湖南	2.733	河北	0.933
上海	0.710	甘肃	1.567	湖北	0.942	江西	1.248	西藏	1.272	安徽	2.321	重庆	0.772
江苏	0.692	湖南	1.561	吉林	0.924	甘肃	1.246	天津	1.193	山东	1.97	陕西	0.747
陕西	0.690	青海	1.542	河北	0.917	陕西	1.051	湖南	1.164	河南	1.934	河南	0.703
山东	0.642	四川	1.259	云南	0.899	河北	0.963	北京	1.145	福建	1.822	山东	0.694
重庆	0.638	广东	1.252	湖南	0.886	山东	0.856	广东	1.088	天津	1.582	四川	0.616
贵州	0.633	陕西	1.078	山东	0.878	重庆	0.822	浙江	1.045	甘肃	1.33	甘肃	0.615
西藏	0.630	贵州	1.031	西藏	0.857	新疆	0.817	甘肃	0.981	云南	1.186	贵州	0.614
四川	0.617	海南	0.973	内蒙古	0.856	内蒙古	0.796	江苏	0.973	上海	1.182	广西	0.563
北京	0.601	云南	0.824	山西	0.806	辽宁	0.758	河北	0.957	河北	1.147	江西	0.522
湖北	0.595	江苏	0.777	海南	0.8	广东	0.630	安徽	0.870	辽宁	1.134	浙江	0.520
河北	0.585	北京	0.697	贵州	0.718	河南	0.504	广西	0.826	四川	1.111	上海	0.509
天津	0.574	天津	0.677	江西	0.713	西藏	0.472	福建	0.730	青海	1.076	江苏	0.481
云南	0.559	河北	0.653	上海	0.703	青海	0.417	江西	0.671	宁夏	1.048	北京	0.445
江西	0.546	西藏	0.62	江苏	0.688	四川	0.377	上海	0.596	北京	1.043	福建	0.429
吉林	0.536	上海	0.614	陕西	0.663	宁夏	0.349	黑龙江	0.569	新疆	0.953	安徽	0.427
海南	0.514	黑龙江	0.528	新疆	0.658	湖南	0.347	山东	0.559	内蒙古	0.848	广东	0.406
福建	0.419	山东	0.512	河南	0.599	安徽	0.334	河南	0.557	江西	0.786	湖南	0.395
广西	0.311	吉林	0.473	甘肃	0.597	贵州	0.322	新疆	0.542	湖北	0.747	海南	0.366
浙江	0.287	浙江	0.319	浙江	0.594	江苏	0.321	山西	0.471	吉林	0.659	辽宁	0.346
广东	0.280	江西	0.303	青海	0.542	山西	0.304	河北	0.439	黑龙江	0.642	内蒙古	0.325
湖南	0.232	福建	0.218	天津	0.539	黑龙江	0.302	内蒙古	0.412	陕西	0.613	吉林	0.303
安徽	0.218	安徽	0.206	北京	0.494	上海	0.281	吉林	0.396	海南	0.589	云南	0.289
山西	0.206	内蒙古	0.176	宁夏	0.471	浙江	0.274	辽宁	0.377	西藏	0.587	西藏	0.282
内蒙古	0.204	山西	0.175	四川	0.46	福建	0.257	宁夏	0.340	广东	0.532	陕西	0.269
辽宁	0.189	辽宁	0.161	黑龙江	0.305	云南	0.149	青海	0.317	广西	0.415	黑龙江	0.251

注：运用DEA分析软件计算而得。全要素效率指数平均值为几何平均值。

表4-7 Hausman内生性检验

结构方程	Chi-Sq.	P	解释变量	t	p
基础教育	31.876	0.000	f（r_{t-1}）	13.851	0.000
			f（ϑ）	-2.217	0.027
			∂	4.139	0.000
			ω	3.380	0.001
公共卫生	38.359	0.000	f（r_{t-1}）	12.9212	0.0000
			f（ϑ）	3.007	0.019
			f（p′）	-2.250	0.025
			∂	-3.693	0.000
			ω	3.608	0.000
社会治安	27.200	0.001	f（p′）	2.419	0.016
			N	-2.467	0.014
环境保护	115.959	0.000	f（r_{t-1}）	3.353	0.001
			f（p′）	3.284	0.001
			f（ϑ）	-3.231	0.002
社会保障	20.172	0.009	f（r_{t-1}）	9.246	0.000
			f（p′）	9.657	0.000
			f（ϑ）	-5.039	0.000
			∂	2.364	0.019
			N	-2.947	0.003
基础设施建设	45.410	0.000	f（r_{t-1}）	6.670	0.000
			f（p′）	-6.959	0.000
			∂	2.287	0.023
			N	2.220	0.027
行政管理	12.295	0.138	f（p′）	2.368	0.018
			N	-1.705	0.011

（4）实证结果与分析（见表4-8）

表4-8　　辖区七类公共服务领域绩效结构方程估计结果

方程	解释变量	单方程（W2SLS）	结构方程（SUR）	调整后 R^2
基础教育	f（r_{t-1}）	1.499（0.000）***	2.064（0.000）***	0.977
	f（ϑ）	-0.240（0.895）	-0.150（0.001）***	
	∂	0.593（0.004）***	0.147（0.000）***	
	ω	0.004（0.515）	0.004（0.002）***	
公共卫生	f（r_{t-1}）	0.008（0.051）**	0.021（0.002）***	0.891
	f（ϑ）	-0.001（0.109）	-0.026（0.055）**	
	f（p′）	-1.202（0.000）***	-0.012（0.894）	
	ω	0.011（0.000）***	0.017（0.000）***	
	∂	0.918（0.000）***	0.012（0.692）	
社会治安	f（p′）	-1.941（0.237）	-1.296（0.000）***	0.746
	N	7.928（0.014）**	7.121（0.066）**	
环境保护	f（r_{t-1}）	1.571（0.000）***	2.121（0.000）***	0.904
	f（p′）	-0.268（0.001）***	-0.001（0.076）*	
	f（ϑ）	-0.008（0.089）*	-0.010（0.001）***	
社会保障	f（r_{t-1}）	-1.703（0.006）***	-2.217（0.000）***	0.857
	f（p′）	-0.004（0.000）***	-0.005（0.006）***	
	f（ϑ）	-0.008（0.089）*	-0.010（0.001）***	
	∂	0.701（0.034）**	0.074（0.035）**	
	N	3.042（0.002）***	4.083（0.000）***	
基础设施建设	f（r_{t-1}）	0.709（0.000）***	1.5207（0.000）***	0.952
	f（p′）	-1.012（0.001）***	-0.388（0.000）***	
	∂	0.344（0.587）	0.328（0.000）***	
	ω	0.011（0.097）*	0.009（0.000）***	
	N	8.862（0.038）**	4.0143（0.000）***	
行政管理	f（p′）	-1.951（0.043）**	-1.420（0.076）*	0.629
	N	2.565（0.009）***	1.104（0.001）***	

注：（1）表中仅保留了统计显著的估计结果；（2）方程系数括号中为t统计量，***、**、*分别表示在1%、5%、10%水平上显著。

表4-8为辖区七类公共服务领域绩效结构方程似不相关（SUR）估计结果。为了更加全面地说明问题，实证过程中加入了每个领域的单方程估计结果，以此进一步佐证结构方程的估计结论。

首先，多数领域的实证结果证实了f（r_{t-1}）与r正相关，r_{t-1}与r负相关的原假设，这说明，一方面辖区公共服务最优绩效水平的变化具有时间纵向的脆弱性，即辖区公共服务前期最优绩效水平的提升很可能对当期绩效目标的实现产生一定压力，要实现短期内绩效水平的不断突破难度较大，甚至会因为当期相关资源难以保证持续高水平投入，而导致绩效水平较前期有所回落。同时，绩效水平的下降则具有刚性约束，即与期望绩效水平不断上升相比，人们更无法忍受绩效水平的下降。于是，前期绩效若出现下降趋势，那么当期绩效水平的止跌反弹将是大势所趋。显然，辖区公共服务最优绩效水平的跨期变化近似于一种进退反复、螺旋式上升的演进过程，而不应仅仅局限于以短期内的绩效变化评判辖区公共服务的有效供给水平，制定与预算制度改革相适应的中长期绩效规划将更为科学地引导地方财政公共资金使用绩效的提升。

其次，除基础教育外的其他领域均证实了f（p′）与r负相关，p′与r正相关的原假设。根据累积前景理论，书中模型概率函数的p′值越大，（1-p′）越小，但其中，由于p′代表供需绩效平衡时奖励的概率值，其可能性越大，也说明了代表绩效改善的p″同样具有这样的趋势，而绩效恶化的概率值（1-p″）则相对越低。同时，从价值函数角度看，相对于绩效提升所能得到的奖励，辖区公共部门更不愿意接受绩效下降所面临的惩罚，而为了平衡这种心理感受，奖励的程度可能需要平均高出惩罚的1.5～2.5倍（Daniel Kahneman，2011），因此公共部门往往会采取规避风险的策略从而寻求绩效的稳定与适度增长。近年来，随着我国预算绩效管理制度性奖惩措施的不断完善与力度增强，辖区各公共部门，一方面，期望通过公共服务绩效水平的不断提升，逐步缩小与最优绩效水平这一参照点之间的差距，从而能够获得更多的部门利益（如绩效奖励），另一方面，也在不断评估当期绩效水平与前期绩效水平（另一参照点）之间的可能变化，从而在资源有限的情况下，做出追求绩效奖励还是规避绩效惩罚风险的部门决策。显然，辖区相关公共部门在实现绩效目标的过程中存在矛盾心态，如何制定科学合理的奖惩制度，从而有效激励相关公共部门主动推进辖区各项公共服务绩效的改善，消除其风险顾虑，将是未来政策制定与制度改革所应重点考虑的。

再次，模型中基础教育、公共卫生、环境保护、社会保障领域的实证结论均否定了f（ϑ）与r正相关，ϑ与r负相关的原假设。随着ϑ代表的居民收入不平等厌恶程度的加剧，事实上推动了辖区诸多公共服务绩效水平的改善。在优势不平等方面，人们越来越看重优质的公共服务为社会稳定与文明发展所做出的重要贡献，希望现有的各项公共服务绩效应尽可能提升到与其中高收入水平相适应的程度，而且随着辖区人群中优势不平等程度的加大，辖区优势不平等一方对公共服务绩效提升的心理倾向越明显，这主要体现在各种围绕公共服务提供的慈善、互惠、亲社会合作行为的大量出现。在劣势不平等方面，人们则更强调基本公共服务，应至少保证其绩效水平满足社会基本生活需要，而不是对应其低收入水平。不难想象，当辖区人群中劣势不平等程度加剧时，公共服务绩效改善的呼声也将越发强烈，出于社会稳定与长远发展的需要，辖区政府会将更多资源向基本公共服务领域倾斜。当前，随着我国人均收入水平的不断提高，特别是以减轻税费负担、扶贫攻坚为主要导向的财税制改革的不断深入，高出低收入水平这一参照点的辖区居民比例将越来越大，程度也将越来越高，这使得辖区人群中的优势不平等将逐渐占据不平等厌恶的主导地位，从而形成以优势不平等厌恶为主要类型的辖区公共服务绩效提升机制。

最后，外生变量中，基础教育等多个领域的∂与r显著正相关。显然，辖区居民在私人资本累积与公共服务收益之间越倾向于后者，也就意味着越愿为相应的公共服务合作承担供给成本，从而对于辖区政府公共服务供给绩效的要求也就越高，辖区政府的保障程度也将或主动或被动地不断提升。当然，这种偏好的提升是基于辖区经济发展、人口素质提高，以及制度完善等因素的综合结果。同时，基础教育、公共卫生、基础设施建设领域的ω与r显著正相关。私人资本累积的公共服务绩效弹性越大，说明辖区居民在个人财富不断增长的同时，同样期望公共服务绩效水平也能有更大的提升，从而与个人财富的累积形成良性循环。此外，社会治安、社会保障、行政管理与基础设施建设方面的N与r显著正相关，这说明人力资源优势同样刺激和推动了辖区诸多公共服务绩效水平的提升。

4.3 影响辖区公共支出绩效变化的因素分析

确立结果导向的辖区公共支出绩效评价实证基础，并加以地区公共服务供需均衡的规范研究，已经可以对辖区公共利益保障与基层社会治理状况做出大致判断，然而，问题的研究还远未结束。事实上，无论是辖区居民还是公共部门更为关心的是什么因素导致了公共支出绩效水平的变化，哪些要素促进了绩效增进，哪些要素阻碍了绩效改善，从而对未来辖区公共利益的有力维护给出改革预期。

4.3.1 多选项绩效指数的构建

根据上文Malmquist全要素效率指数的测算结果，并考虑到综合绩效值与财政支出变化率之间的投入产出关联，可以定义绩效弹性如下：

$$\pi_{nt}^{\beta}=\frac{M_{nt}^{\beta}-1}{\Delta x_{nt}^{\beta}},M_{nt}^{\beta}>1 \tag{19}$$

其中，π_{nt}^{β}为第n个地区第t年β类地方公共支出的绩效弹性；M_{nt}^{β}为相应的Malmquist效率指数；Δx_{nt}^{β}为相应的财政支出增速。

在此，书中借鉴Llavador和Roemer（2001）、龚峰和卢洪友（2009）在构建公共偏好匹配指数时的研究思路和做法，并没有直接将M值视为辖区公共支出绩效水平的最终状态，而是通过设立特定的临界值，构建多值离散绩效指数。其原因在于，引致M值变化的客观原因可能是多方面的，例如影响公共支出绩效的人为因素的遗漏；结果绩效指标设计与选取的不充分；投入和产出数据的采集缺失与抽样误差等。因此，为了尽可能地提高所构建绩效指数的客观性，本书只将那些M_{nt}^{β}值足够大的状态视为绩效水平上升。那么，用什么标准衡量M_{nt}^{β}值足够大呢？书中将π_{nt}^{β}定义为绩效水平不变与上升之间的临界值。原因在于，如果

M_{nt}^{β}值大于1，但又没能超过相应财政支出增速Δx_{nt}^{β}，说明构成M_{nt}^{β}值的技术效率值（EC）或技术进步值（TP）存在明显的效率下降，因此，定义绩效水平上升显然是证据不足的，而对于此种情形下的绩效水平，在下面绩效指数模型的构建中，将其划归为绩效水平相对不变的取值范围。绩效指数公式构建如下：

$$E_{nt}^{\beta,\theta}=\begin{cases}0 & \text{若}M_{nt}^{\beta}\geqslant 1,\text{且}\pi_{nt}^{\beta}\leqslant 1 \quad (\text{绩效水平相对不变})\\ 1 & \text{若}M_{nt}^{\beta}<1 \quad (\text{绩效水平下降})\\ 2 & \text{若}M_{nt}^{\beta}>1,\text{且}\pi_{nt}^{\beta}>1 \quad (\text{绩效水平提升})\end{cases} \tag{20}$$

其中，$E_{nt}^{\beta,\theta}$为第n个地区第t年β类地方公共支出所处绩效水平状态θ的取值；M_{nt}^{β}为相应的Malmquist全要素效率指数；π_{nt}^{β}为相应的地方公共支出绩效弹性。根据（20）式对绩效水平的界定，书中对2012—2018年我国31个省级辖区（台湾省未统计在内）七类公共支出绩效水平不变、下降和提升的范围比重进行了统计。结果见表4-9。

从各年的情况来看，从2012年以后绝大多数地区主要公共支出领域的绩效水平均呈现出明显变化，且波动较大，而维持绩效水平不变的比例很低。总体上看，研究期内各地区七类公共支出绩效水平下降的比重基本维持在50%~60%，而绩效水平提升的地区比重则在20%~50%，其中，社会保障领域的公共支出绩效下降和提升的地区比重最为接近，环境保护和行政管理领域绩效提升的地区比重略低于绩效下降的地区比重，而在基础教育、公共卫生、社会治安、基础设施建设领域绩效提升的地区比重要远低于绩效下降的地区比重。因此，对表4-9统计结果的分析，进一步明确了下一步需要深入探讨的两个问题，即：第一，什么原因导致了历年各地区同一公共支出领域绩效水平提升或下降的比重大幅波动？第二，不同公共支出领域之间绩效提升或下降的地区比重存在显著差异的原因又是什么？

4.3.2 基于Logit模型的研判

以（20）式构建的绩效指数为被解释变量，以客观条件、体制机制、政治因素三大考量方向中的跨方程显著要素为核心解释变量，同时，在控制其他诸多影响公共支出绩效的外生变量的前提下，建立多选

表4-9　2012—2018年各辖区七类公共支出绩效水平不变、下降和提升比例（%）

年份	绩效状态	基础教育	公共卫生	社会治安	社会保障	环境保护	行政管理	基础设施建设
2012	绩效不变	25.81	22.58	19.35	16.13	6.45	9.68	29.03
	绩效下降	64.52	70.97	70.97	74.19	74.19	83.87	51.61
	绩效提升	9.68	6.45	9.68	9.68	19.36	6.45	19.36
2013	绩效不变	12.93	3.23	12.90	0	6.45	9.68	3.23
	绩效下降	35.46	61.35	54.84	25.81	29.03	48.39	77.42
	绩效提升	51.61	35.42	32.26	74.19	64.52	41.93	19.35
2014	绩效不变	3.23	3.23	6.45	6.45	6.45	6.45	3.23
	绩效下降	96.77	90.31	64.52	48.39	12.9	51.61	16.13
	绩效提升	0	6.45	29.03	45.16	80.65	41.93	80.65
2015	绩效不变	3.23	0	3.23	0	6.45	9.68	0
	绩效下降	77.42	83.87	67.74	38.71	80.65	38.71	80.65
	绩效提升	19.35	16.13	29.03	61.29	12.9	51.61	19.35
2016	绩效不变	3.23	0	6.45	0	0	3.23	3.23
	绩效下降	51.61	22.60	54.84	70.97	48.39	48.39	54.84
	绩效提升	45.16	77.40	38.71	29.03	51.61	48.39	41.93
2017	绩效不变	0	9.68	9.68	3.23	0	0	0
	绩效下降	67.70	74.21	38.71	58.06	96.77	41.93	77.42
	绩效提升	32.30	16.11	51.61	38.71	3.23	58.07	22.58
2018	绩效不变	0	6.45	3.23	0	0	3.23	6.45
	绩效下降	54.84	41.93	64.52	61.29	51.61	35.48	45.16
	绩效提升	45.16	51.61	32.25	38.71	48.39	61.29	48.39
2008—2018	绩效不变	6.92	13.37	8.76	3.69	3.69	5.99	6.45
	绩效下降	64.05	63.61	59.36	53.92	56.22	49.77	53.00
	绩效提升	29.03	24.12	31.88	52.39	50.09	44.24	41.55

项Logit回归模型，实证辨析公共支出绩效水平变化的影响因素[①]。

（1）实证模型

定义$L_{n\theta}$为第n个地区地方政府某类公共支出绩效所处状态θ的概率，即$L_{n\theta}$=P（Y_n=θ），θ=0，1，2。同时，假设包括客观条件因素、体制机制因素、政治因素在内的三大类共k个自变量对$L_{n\theta}$产生影响，且各地区（共n个地区）观测值的抽样相互独立。根据Logit模型的基本定义和总体特征，则可以将书中的因变量和自变量之间的关联描述为以下似然函数的形式：

$$L_{n\theta} = P(Y_n|X_{nk}, \beta_{k\theta}) = \prod_{n=1}^{N}\prod_{\theta=0}^{2}\left[\frac{\exp(\sum \beta_{k\theta} X_{nk})}{1 + \sum_{i=1}^{2}\exp(\beta_{ki} X_{nk})}\right]^{R_{n\theta}} \tag{21}$$

需要说明的是，由于Y_n只有0，1，2三个选项，在施加概率和为1的约束条件下，所确定的θ个概率只需要估计θ-1个参数。（21）式中的Logit分布函数形式是以θ=0为基准类型而确定的，同时，根据（20）式，令Y_n=θ时，$R_{n\theta}$=1（绩效水平提升或下降）或0（绩效水平不变）。

根据以上定义和假设可知，由于logit模型分布函数的取值均取决于待估参数β，因此，一般采用极大似然法来估计模型参数。依据（21）式得到如下对数似然函数：

$$\ln L_{n\theta} = \sum_{n=1}^{N}\sum_{\theta=0}^{2} R_{n\theta}\left\{\beta_{k\theta} X_{nk} - \ln\left[1 + \sum_{i=1}^{2}\exp(\beta_{ki} X_{nk})\right]\right\} \tag{22}$$

（22）式的一阶条件为：

$$\frac{\partial(\ln L_{nk})}{\partial \beta\theta} = \sum_{n=1}^{N}\left[\frac{\exp(\sum \beta_{ki} X_{nk})}{1 + \sum_{i=1}^{2}\exp(\sum \beta_{ki} X_{nk})}\right] \cdot X_{nk} = 0 \tag{23}$$

求得参数的极大似然法估计量β_θ，以及拟合的选择概率：

$$\widehat{L_{n\theta}} = \frac{\exp\left(X_{nk}\hat{\beta}_{ki}\right)}{1 + \sum_{i=1}^{2}\exp\left(\sum X_{nk}\hat{\beta}_{ki}\right)} \qquad (\theta = 1,2) \tag{24}$$

---

① 本书暂未考虑政策冲击因素，认为政策冲击不具备可持续性，只有那些通过制度、法制固化下来的因素，以及客观条件才是分析绩效问题的可靠且稳定的要素选择。

然而，这一结果中的系数不能被解释成对因变量的边际影响，只能从符号上判断因变量与自变量之间的关系，因此，对（24）式求微分，可以得到第t个自变量的边际影响：

$$\lambda_t = \frac{\partial L_\theta}{\partial X_t} = L_\theta\left(\beta_\theta - \sum_{i=0}^{2} L_i \beta_i\right) \qquad (\theta = 1,2) \tag{25}$$

此处需要说明的是，书中共构建了七个领域的公共支出绩效指数，因此，需要采用以上估计方法对七个方程进行估计，且联立方程组的特点为每个方程右端均只由外生变量构成。由于每年地方政府的财政支出总量是既定的，各项政府预算支出的安排又都需要同时在一个预算盘子中确定，加之同一要素很可能在多个领域显著影响被解释变量，因此，各个方程干扰项之间很可能存在相关性。在此种情况下，本书在以Logit模型通过符号确定被解释变量与解释变量之间关系的基础上，结合联立方程组似不相关回归技术（SUR）对七个领域的公共支出绩效方程进行估计，以进一步确定模型中被解释变量与解释变量之间的边际影响。

（2）变量与数据来源

本文从客观条件、体制机制、政治三方面综合考察地方公共支出绩效水平的影响因素（具体指标见表4-10）。

变量bt中省级政府预算透明度数据来源于2008—2018年《中国财政透明度报告》；pgi中城乡（城市与县城）公用设施建设固定资产投资数据来源于2008—2018年《中国固定资产投资统计年鉴》；tc中查补税款收入数据来源于2008—2018年《中国税务年鉴》；ms中地方公共电视节目、新闻资讯类节目播出时长数据来源于2008—2018年《中国广播电视年鉴》；nta中省级政府网站评估得分数据来源于2008—2018年《中国信息年鉴》，其余数据来自2008—2018年《中国统计年鉴》与各省统计年鉴。此外，人均GDP为剔除价格波动因素后的实际值，省级政府预算透明度和网络信息技术运用水平为评估值，npt与am为虚拟赋值，其余变量值均为比较数据或变化比率数据。

本书在Logit模型Z统计量检验（见表4-11）与SUR估计识别要求的基础上从表4-10中进一步筛选出人均实际GDP等六个指标，将其确定为多选项Logit模型各个方程中应包含的自变量，并将各方程中其他显

表4-10　　公共支出绩效影响因素变量及其统计性描述

		自变量名	含义	均值	标准差
客观条件因素	Pd	人口密度（人/平方千米）	总人口/辖区面积	421.74	601.42
	re	公共资源禀赋	地方财政收入/地方财政支出	0.5048	0.2116
	cgdp	人均实际GDP（万元）	剔除价格影响后的人均GDP	3.7028	1.954
	el	辖区居民受教育程度	接受高等教育人口/辖区总人口	0.1041	0.0623
	od	对外开放程度	进出口总额/GDP	0.3104	0.3714
体制机制因素	pfs	转移支付依存度	地方中央转移支付收入/地方财政总支出	0.4784	0.1913
	eba	地方财政预算支出约束	支出决算/支出预算	0.8962	0.0545
	iba	地方财政预算收入约束	收入决算/收入预算	1.0683	0.0722
	bt	政府预算透明度	政府预算透明度评估指数	0.2745	0.1157
	pgi	公共产品私人生产或提供水平	公用设施建设固定资产投资中利用外资、自筹资金和其他资金/总投资	0.3650	0.1677
	sti	地方政府技术创新投入水平	财政科技投入增长率	0.2089	0.1689
	ur	城镇化率	城镇人口/总人口	0.5202	0.1436
	tc	税收非遵从度	地方查补税款收入/地方税收总收入	0.0360	0.0220
	ap	公共信任程度	行政诉讼案件降幅	0.4700	2.2053
	nta	网络信息技术运用水平	省级政府网站评估得分	0.4867	0.1547
政治因素	npt	地方权力机关公共监督力度	地方人大负责人兼任情况	0.1935	0.3960
	rs	地方人大代表结构	省全国人大代表中非党政干部代表数量/省全国人大代表总数	0.5892	0.1066
	npr	地方党政领导班子家乡人比例	省委常委中当地人数量/省委常委总数	0.4713	0.1692
	ms	地方媒体公共事务参与度	新闻资讯类节目播出时长/地方公共电视节目播出总时长	0.1567	0.0488
	ngo	地方非政府组织发展水平	地方NGO增速	0.0722	0.0834
	am	公开问责力度	电视问政与行政问责条例存在情况	0.2078	0.196

著变量作为工具变量使用。[①]

① 联立方程（SUR）估计，一方面，要求每个方程所包含的自变量不应完全相同，另一方面，所选取的自变量至少应在两个方程中显著。

表4-11　　**Logit模型自变量及其检验**

	自变量名	显著方程	Z统计量	P值
cgdp	人均实际GDP（万元）	方程（1）	1.855	0.063
		方程（2）	4.423	0.001
		方程（4）	1.945	0.051
		方程（6）	2.895	0.003
		方程（7）	2.221	0.026
bt	政府预算透明度	方程（3）	1.872	0.061
		方程（5）	-1.656	0.097
		方程（6）	1.665	0.095
pgi	公共产品私人生产或提供水平	方程（1）	-2.159	0.031
		方程（2）	-2.008	0.044
tc	税收非遵从度	方程（4）	-2.201	0.027
		方程（6）	1.796	0.072
npt	地方权力机关公共监督力度	方程（1）	1.721	0.085
		方程（2）	3.822	0.001
		方程（7）	1.753	0.079
ms	地方媒体公共事务参与度	方程（5）	3.245	0.001
		方程（4）	2.357	0.018
		方程（7）	2.007	0.044

注：表中显著方程是指在七个领域的Logit模型公共支出绩效方程中自变量通过Z统计量检验（至少在10%的置信水平上显著）的所在方程。

（3）实证结果（见表4-12）

表4-12是七个地方公共支出领域的绩效指数方程多选项Logit模型联立方程组似不相关（SUR）估计结果。可以看到，在每一个绩效指数方程中，Logit模型回归均给出了两个子方程的估计结果。原因在于，本书最终核心考察的是，什么要素，在多大程度上对某一地方公共支出绩效水平产生增进或阻碍的效果，并同时做出“二选一”的判断，即在施加了概率和为1的约束条件下，多选项Logit模型可以看作是绩效水平下降（绩效指数=1）和绩效水平提升（绩效指数=2）分别与绩效水平不变（绩效指数=0）进行两两比较的二元Logit模型联立估计的结果。两个子方程的估计结果分别为：绩效指数=1 VS. 绩效指数=0；绩效指数=2 VS. 绩效指数=0。

表4-12　　公共支出多选项绩效指数Logit模型估计结果

（联立方程组SUR估计）

方程	因变量	地方基础教育支出绩效指数			
		绩效指数=1（子方程1）		绩效指数=2（子方程2）	
	自变量	系数	边际影响	系数	边际影响
（1）地方基础教育支出绩效方程估计结果（SUR）	C	-15.0584 （-1.8686）*	—	7.4431 （1.0135）	—
	bt	-1.9495 （-1.4898）	-0.4207 （-1.4943）	2.822 （2.1179）**	0.6618 （2.2064）**
	pgi	1.8299 （1.9503）*	0.3949 （2.0008）**	-1.6905 （-1.7113）*	-0.3964 （-1.7884）*
	tc	15.2674 （1.8678）*	3.2947 （2.0706）**	-8.9128 （-1.1969）	-2.0901 （-1.2937）
	Pseudo R2=0.1045；LR=37.5977；P（LR）=0.0144**				
（2）地方公共卫生支出绩效方程估计结果（SUR）	因变量	地方公共卫生支出绩效指数			
		绩效指数=1（子方程1）		绩效指数=2（子方程2）	
	自变量	系数	边际影响	系数	边际影响
	bt	-2.4133 （-1.9）*	-0.5214 （-1.9499）*	2.3123 （1.7804）*	0.5177 （1.8121）*
	Pseudo R2=0.1976；LR=70.8317；P（LR）=0.0001***				
（3）地方社会治安支出绩效方程估计结果（SUR）	因变量	地方社会治安支出绩效指数			
		绩效指数=1（子方程1）		绩效指数=2（子方程2）	
	自变量	系数	边际影响	系数	边际影响
	bt	-2.006 （-1.5887）	-0.4378 （-1.8149）	3.1306 （2.3871）**	0.7287 （2.4886）**
	Pseudo R2=0.0302；LR=11.7408；P（LR）=0.068*				

续表

(4) 地方社会保障支出绩效方程估计结果（SUR）	因变量	地方社会保障支出绩效指数			
		绩效指数=1（子方程1）		绩效指数=2（子方程2）	
	自变量	系数	边际影响	系数	边际影响
	cgdp	−0.1583 （−1.7106）*	−0.035 （−1.7273）*	0.1834 （1.9924）**	0.0417 （1.9652）**
	tc	9.4039 （1.2398）*	2.0803 （1.2774）	−14.288 （−1.7748）*	−3.2486 （−1.8835）*
	ms	−6.9992 （−2.1976）**	−1.5483 （−2.2831）**	6.3821 （1.9979）**	1.4511 （2.0852）**
	Pseudo R2=0.0352；LR=12.5109；P（LR）=0.0515*				
(5) 地方环境保护支出绩效方程估计结果（SUR）	因变量	地方环境保护支出绩效指数			
		绩效指数=1（子方程1）		绩效指数=2（子方程2）	
	自变量	系数	边际影响	系数	边际影响
	C	−32.2816 （−3.0947）***	—	15.3924 （1.7751）*	—
	tc	35.0826 （3.2959）***	7.7176 （3.5565）***	−18.0691 （−2.0479）**	−4.1305 （−2.3413）**
	ms	−12.1093 （−3.3432）***	−2.6639 （−4.061）***	13.2184 （3.7318）***	3.0217 （4.2974）***
	Pseudo R2=0.0816；LR=28.7474；P（LR）=0.0001***				
(6) 地方行政管理支出绩效方程估计结果（SUR）	因变量	地方行政管理支出绩效指数			
		绩效指数=1（子方程1）		绩效指数=2（子方程2）	
	自变量	系数	边际影响	系数	边际影响
	cgdp	−0.2487 （−2.576）***	−0.0556 （−2.6591）***	0.2899 （2.9447）***	0.0656 （3.0735）***
	bt	−2.9407 （−2.1348）**	−0.6578 （−2.1901）**	3.2336 （2.3763）**	0.732 （2.4795）**
	npt	1.137 （2.5233）**	0.2543 （2.5976）***	−1.0996 （−2.3575）**	−0.2489 （−2.4243）**
	Pseudo R2=0.0529；LR=20.1229；P（LR）=0.0026***				

续表

（7）地方基础设施建设支出绩效方程估计结果（SUR）	因变量	地方基础设施建设支出绩效指数			
		绩效指数=1（子方程1）		绩效指数=2（子方程2）	
	自变量	系数	边际影响	系数	边际影响
	ms	-1.6082（-0.5195）	-0.3522（-0.5093）	5.8989（1.8522）*	1.359（1.8205）*
	Pseudo R2=0.0201；LR=7.6097；P（LR）=0.2681				

注：（1）绩效指数=0为基准回归类型；（2）“系数”括号中为Z统计量，“边际影响”括号中为t统计量，***、**、*分别表示在1%、5%、10%水平上显著；（3）边际影响在所有自变量的均值处计算；（4）表中仅保留了统计显著的估计结果。

①根据表4-12中LR检验的结果可以判断，地方基础设施建设支出绩效指数方程没有通过联合显著性检验，且其中自变量对绩效指数的解释性也较弱。因此，可以认为，模型中所选择的自变量对地方基础设施建设支出绩效水平没有显著影响。

②从表4-12中地方基础教育支出绩效方程的估计结果可以看到，地方政府预算透明度变量只在方程2中通过显著性检验，且系数为正，而在自变量均值处计算的边际影响也为正；这显示地方政府预算透明度每上升1个单位，地方基础教育支出绩效水平提升的可能性就增加0.66%；这说明以不断提高地方政府预算透明度为目标的地方财税体制机制与政治程序的深化改革，必将对地方基础教育支出绩效水平的提升起到正向推动作用。在公共产品私人生产或提供方面，无论是系数还是边际影响都通过了子方程1和子方程2的显著性检验：其中，在子方程1中，地方基础教育服务领域的私人供给与绩效水平下降正相关，私人供给每增加1个单位，地方政府基础教育支出绩效水平下降的可能性为0.39%；同时，在方程2中，地方基础教育服务领域的私人供给与绩效水平上升负相关，私人供给每增加1个单位，地方政府基础教育支出绩效水平上升的可能性为-0.39%，这进一步证实了基础教育服务的公共属性，以及地方政府在这一领域充分且高质量投入

的不可或缺性。在税收非遵从度方面，自变量只在方程1中通过显著性检验，且系数为正，边际影响也为正，并显示税收非遵从度每增加1个单位，地方政府基础教育支出绩效下降的可能性将为3.29个单位，这说明税收非遵从度越高，地方基础教育领域绩效水平下滑得越明显，且幅度是税收非遵从度自变量变化的数倍。由此可见，加快完善税制并不断提高地方税收征管效率，虽没有证据证明其可以直接促进地方基础教育绩效水平的增进，但在保证绩效水平不出现大幅下降方面应是十分关键的。

③表4-12中地方公共卫生支出和社会治安支出两个领域的绩效方程估计结果显示，地方政府预算透明度是影响以上两个领域绩效水平的核心变量。在地方公共卫生支出绩效方程估计结果中，两个子方程中的自变量系数和边际影响均通过显著性检验。其中，子方程1中的系数为负，边际影响也为负；子方程2中的系数为正，边际影响也为正。这说明地方政府预算透明度越高，一方面越能抑制地方公共卫生支出绩效水平的下降，另一方面也越能促进地方公共卫生支出绩效水平的提升。此外，自变量每增加1个单位，抑制绩效水平下降0.52%，提高绩效水平的可能性就增加0.52%。在地方社会治安支出绩效方程估计结果中，同样是子方程2中的系数为正，边际影响也为正，且均显著。这说明地方政府预算透明度的提升将十分有利于地方社会治安支出绩效水平的增进，地方治安状况将得到进一步改善；具体而言，自变量每增加1个单位，绩效水平提升的可能性将增加0.73%。

④在地方社会保障支出绩效方程估计结果中，人均GDP自变量无论是系数还是边际影响在子方程1和子方程2中均通过了显著性检验：其中，子方程1中系数为负，边际影响也为负，子方程2中系数为正，边际影响也为正。这表明地方政府辖区内的经济发展水平和财富积累程度越高，越能抑制社会保障支出绩效水平的下降，并促进绩效水平的提升；具体而言，人均GDP每提高1个单位，将抑制社会保障支出绩效水平下降0.035%，且在促进绩效水平提升方面贡献0.04%。税收非遵从度自变量的系数在子方程1和子方程2中均通过了显著性检验：其中，子方程2中的系数为负，边际影响也为负，然而子方程1中的边际影响虽

与系数同为正但并不显著。从估计结果中可知，税收非遵从度越高，社会保障支出绩效水平下降的可能性就越大，并将进一步阻碍绩效水平的提升；如税收非遵从度每提高1个单位，社会保障支出绩效水平的提高就将下降3.25个单位。地方媒体参与公共事务自变量的系数和边际影响也均通过了子方程1和子方程2的显著性检验：其中，子方程1中系数为负，边际影响也为负，子方程2中系数为正，边际影响也为正。这表明地方舆论媒体监督对抑制社会保障支出绩效水平的下滑和促进绩效水平的提升都具有重要积极意义。具体而言，自变量每增加1个单位，将抑制因变量1.55个单位的下滑，并对推动因变量的提升做出1.45个单位的贡献。从估计结果可知，地方社会保障支出绩效水平的高低，直接关系到辖区内的社会稳定和人民生活质量，而如何努力营造务实、理性的政治氛围，并在此基础上正确利用和引导现代媒体及舆论监督的力量最大限度地维护和保障这一公共利益，显得尤为重要。

⑤在地方环境保护支出绩效方程估计结果中，税收非遵从度自变量的系数与边际影响均通过了子方程1和子方程2的显著性检验，且从边际影响方面来看，自变量对因变量的影响十分明显。具体而言，税收非遵从度每增加1个单位，地方环境保护支出绩效水平将下滑7.72个单位，绩效水平上升将下降4.13个单位；由此可知，地方环境保护支出绩效水平的维持与增进对地方税收收入的依赖程度是很高的，也进一步证实了环境保护的公共产品性质。地方媒体参与公共事务自变量的系数与边际影响在子方程1和子方程2中均表现出很强的显著性，且自变量将以自身变化2至3倍的水平抑制地方环境保护支出绩效水平的下降或促进绩效水平的提升。可见，大众媒体对地方环境保护公共事务的舆论监督、跟踪调查、社会反馈是保障此领域公共支出绩效水平不断提升的重要手段。

⑥在地方行政管理支出绩效方程估计结果方面，人均GDP自变量的系数和边际影响在两个子方程中均在1%的水平上显著，且符号一致。具体而言，自变量每增加1个单位，其对地方行政管理支出绩效水平下降的抑制作用为0.06%，对绩效水平提升的促进作用为0.07%；由此可见，以人均财富为衡量指标的地方经济发展水平对行政管理支出绩

效的影响是必然的，但影响程度有限。地方政府预算透明度的系数与边际影响在此方程估计中也通过了两个子方程的显著性检验，且符号方向相同；这说明地方政府预算透明度越高越有利于地方行政管理支出绩效水平的改善。与其他方程估计结果不同的是，权力机构负责人是否存在兼任这一虚拟变量的系数与边际影响首次在此方程估计中通过了两个子方程的显著性检验：其中，子方程1中系数为正，边际影响也为正，子方程2中系数为负，边际影响也为负；这反映出地方权力机构负责人兼任情况的普遍存在不利于地方行政管理支出绩效水平改善的客观事实。其原因在于：以立法、执法监督、人事任免为核心职能的权力机关，天然对行政管理部门的公共职责和执法活动具有约束力；如果其主要负责人以兼任而非独立的形式开展工作，其公共权力的监督作用很可能受到外界干扰，对行政管理支出绩效水平的改进也必然受到负面影响。

4.4 预算制度变革对辖区公共支出绩效改善的促进作用

如上文所述，在诸多影响辖区公共支出绩效水平变化的因素中，财政体制机制的考察是其中的重要部分，然而，无论是预算透明度、公共产品私人生产或提供水平，还是税收非遵从度都是从财政制度的某个方面进行的单独考察，未能形成制度层面的系统分析，因此，接下来本书将站在地方政府预算制度总体改革的视角分析其对辖区公共支出绩效的影响。

4.4.1 跨期财政总额控制与预算执行规则弱化

（1）模型设计

跨期财政总额控制与预算执行规则弱化作为地方政府预算绩效化制度改革的核心内容，其各自以及二者的交互作用对辖区公共支出绩效水平的影响如何，直接影响到今后相关改革路径的设计，因此，从实证角度构建模型如下：

$$P_{it}=c_1ndt_{it}+c_2edr_{it}+control_{it}+\gamma_i+\nu_t+\varepsilon_{it} \quad (26)$$

$$P_{it}=c_1ndt_{it}+c_2edr_{it}+c_3ndt_{it}\times edr_{it}+control_{it}+\gamma_i+\nu_t+\varepsilon_{it} \quad (27)$$

其中，P_{it}为辖区某公共服务领域的支出绩效水平，ndt是预算执行规则弱化指标，edr_{it}是跨期财政总额控制指标，$ndt_{it}\times edr_{it}$为交互项，$control_{it}$为控制变量集合。i代表横截面样本，t代表时间序列，γ和ν分别是省份和年度的固定效应，ε为随机误差项。

在具体提出研究假设之前，基于中国财政分权的特点，预算“黄金法则”的要求[①]，以及绩效结果获取的时间维度，有必要将我国辖区公共支出按照职能领域近似地区分为经常性支出与资本性支出两大类，从而更有针对性地展开实证研究。依据我国相关领域固定资产投资与一般公共预算支出关系的统计分析（见表4-13），本书将某领域固定资产投资明显超过财政总投入50%的环境保护与基础设施建设领域的财政投入看作资本性支出，而将明显小于50%的行政管理、公共卫生、基础教育、社会保障、社会治安方面的财政投入视为经常性支出[②]。

表4-13　**辖区公共支出的经常性支出与资本性支出分类（2008—2017）**

金额单位：亿元

分类	公共服务领域	固定资产投资均值	一般公共预算支出均值	比重（%）
经常性支出	行政管理	92.89	365.61	20.26
	基础教育	176.75	599.22	22.78
	公共卫生	91.67	259.26	26.12
	社会治安	42.08	204.62	17.05
	社会保障	68.18	435.02	13.55
资本性支出	环境保护	304.28	113.18	72.89
	基础设施建设	1 790.81	430.71	80.61

资料来源：《中国财政年鉴》与《中国固定资产投资年鉴》。

（26）式为基准回归模型，地方政府财政资金执行所面对的繁复低效的程序管理与政策规定往往与公共部门资本性支出所要实现的绩效目

① 政府预算“黄金法则”的主要内容包括：强调区分预算支出的经常性与资本（投资）性，以及差异规则约束，即政府只能举债进行投资而不能举债来维持经常性支出（Lienert，2004）。

② 虽然也有观点认为基础教育属于人力资本投入，应视为资本性支出，但从基础教育的支出结构与预算安排视角来看，本书仍依据国内多数统计文件的口径与估算结果将其视为经常性支出。

标之间产生各种制度性矛盾，预算资金到位率低、拨付迟滞、年终突击花钱、公共服务供给与需求错配等问题长期存在，使得人们不得不思考合理的预算执行规则弱化是否可以有效解决这些顽疾，同时，随着地方政府债务的不断增长，以及预算执行灵活性的要求，财政总额控制的难度也会逐渐加大，急需建立起以绩效改善为考核目标和约束标准的跨期债务管控机制。因此，本书提出如下基本假设：

假设1：预算执行规则弱化与辖区资本性支出绩效水平正相关。

假设2：跨期财政总额控制与辖区资本性支出绩效水平负相关。

而对于辖区公共部门的经常性支出而言，由于其所提供公共服务的基础性、强制性、时效性等特点，预算执行规则弱化所引致的过程控制松弛很可能对其公共支出绩效水平产生负面影响，同时，在跨期财政总额控制方面，其与资本性支出的假设保持一致。因此，本书提出如下基本假设：

假设3：预算执行规则弱化与辖区经常性支出绩效水平负相关。

假设4：跨期财政总额控制与辖区经常性支出绩效水平负相关。

在基准回归模型的基本假设前提下，（27）式中进一步引入了跨期财政总额控制指标与预算执行规则弱化指标的交互项，以此深入探讨二者在对不同类型公共支出绩效水平影响分析过程中，彼此之间的相互作用与可能的匹配关系，从而为我国政府预算绩效管理综合改革提供实证依据。初步判断，跨期财政总额控制作为预算执行规则弱化的远期时空与资金约束，其严格把控将与短期规则弱化形成制度匹配，从而保障公共支出绩效水平的切实改善，因此，本书进一步提出如下假设：

假设5：预算执行规则弱化对辖区公共支出绩效水平的影响效果，随跨期财政总额控制的松弛而下降。

（2）超额债务依存度的定义与财政总额控制的跨期判断

已有大量文献证实，债务规模的不断增长是财政总额控制所面临的重大挑战（缪小林和伏润民，2015）。一方面，从我国财政分权的实际情况来看，地方政府本级一般公共预算收支缺口基本上是通过政府间转移支付得到补偿的，而超过这一缺口的地方政府债务增量显然对地方财政支出的总量控制产生了冲击；另一方面，地方政府的债务投资项目往往以市政工程等公共基础设施为主，对于支出项目可能出现的延期、质量问题、决策失误等情况，由于前期大量沉没成本的投入，政府仍会为之提供再融资，从而保障项目的最终完工，这在一定程度上同样推动了地方债务的超额增长。因此，本书将当期地方政府债务增量超过地方线上预算收支缺口的部分定义为超额债务，并通过其占当期地方财政支出总规模的比重反映债务增量对财政总额控制的影响情况。“超额债务依存度”（edr）指标的含义如下：

$$\text{超额债务依存度}=\frac{\text{地方债务增量}-\text{地方线上预算收支缺口}}{\text{地方财政支出总额}} \tag{28}$$

根据对已有文献的考察，地方政府债务应由显性负债与或有债务两部分共同构成（汪莉和陈诗一，2013；黄春元和毛捷，2015），其中，显性负债的估算借鉴项后军等人（2017）的测算方法，通过核定地方政府基础设施建设、民生项目等公共服务领域的固定资产投资规模，减去地方政府可自主支配的预算资金投入与主要非税收入，差额即可视为地方政府通过负债来筹集的资本性支出（如（30）式），通常以国债转贷收入、地方政府债券净收入、城投债净收入、土地质押贷款等债券或融资票据的形式体现出来。或有负债则主要将地方国有企业的债务存量变化考虑进来（如（30）式）。

$$\text{地方政府债务增量}=\text{地方政府固定资产投资债务增量}+\text{地方国有企业债务增量} \tag{29}$$

$$\text{地方政府固定资产投资负债}=\text{公共服务固定资产投资}-\text{预算内资金投入}-\text{土地出让纯收益} \tag{30}$$ [①]

$$\text{地方国有企业负债}=\text{地方国有企业国有资产总额}\times\text{地方国有企业资产负债率} \tag{31}$$

公共服务固定资产投资：依据我国政府间事权与支出责任的划分现状与改革意见[②]，书中将电力、燃气及水的生产和供应业；交通运输、仓储和邮政业；科学研究、技术服务和地质勘查业；水利、环境和公共设施管理业；教育；卫生、社会保障和社会福利业；公共管理和社会组

---

① 与文献测算方法略有不同的是，由于地方政府债务投资多为非营利性项目，电力、燃气、交通等项目的盈利滞后期均较长，且在支付利息后，难以有效减轻债务压力，仍需政府财政资金支持，因此，未考虑投资项目的盈利现金流入因素。

② 参见《关于推进中央与地方财政事权和支出责任划分改革的指导意见》（国发〔2016〕49号）；《关于印发基本公共服务领域中央与地方共同财政事权和支出责任划分改革方案的通知》（国办发〔2018〕6号），等政策文件。

织七类领域的公共服务固定资产投资主体视为地方政府。

预算内资金投入：一般来说，以税收为主的地方财政收入主要用于弥补经常性支出，资本性支出的资金来源则多以超预算的债务融资方式呈现。因此，可将地方财政决算收支缺口视为地方政府当年实际的投资性支出，并计算其占决算支出的比重，之后再乘以以上七类公共服务预算支出，近似地得到地方政府对公共服务固定资产投资的预算内资金投入。

土地出让纯收益：土地出让收入作为地方政府最为重要的非税收入来源，在扣除拆迁补偿、土地平整等支出之后的净收益都可以用于地方政府的投资性支出，成为基础设施建设资金的重要来源。书中把土地出让收入减去各项必要支出后的余额作为地方政府用于投资的资金。

以上公式中用于测算的指标数据均来自全国及各省份相关各期《统计年鉴》《财政年鉴》《国土资源统计年鉴》《固定资产统计年鉴》，根据测算公式和样本数据，可以计算出全国31个省份（台湾省未统计在内）2008—2017年的地方政府债务增量以及超额债务依存度。

同时，由于债务支出的资本属性，其资金投入的绩效结果通常需要在未来多期内逐步显现出来，因此，在跨期时间范围内，辖区财政资本性支出的绩效变动与超额债务依存度之间是否存在必然关联及响应周期如何，还需得到检验。书中在进行了必要的数据平稳性与协整检验后[①]，基于VAR/VEC模型的多种信息准则判断及脉冲响应结果可知，辖区财政资本性支出绩效与超额债务依存度之间存在长期均衡关系，最优滞后期为5期，且前3期相互影响最为明显（如图4-3所示）。据此，书中对于财政总额控制的跨期判断设定为3年，即在数据使用上，当期资本性公共支出绩效变动率对应的是其滞后3年中相关数据计算出的超额债务依存度。

（3）财政资金使用非遵从度的测算与预算执行规则弱化

从预算执行规则的基本内涵与中国实践来看，规则内容主要涉及财政资金使用的科目设置、分配方式、拨款进度、核销规程、权责划分、考核依据、调整机制、项目分类、监控流程等诸多方面，财政及审计等

---

① 环境保护、基础设施建设领域的辖区公共支出绩效变动与超额债务依存度原序列均为非平稳时间序列，有效协整关系的方程式为：$P=-0.0748edr$。

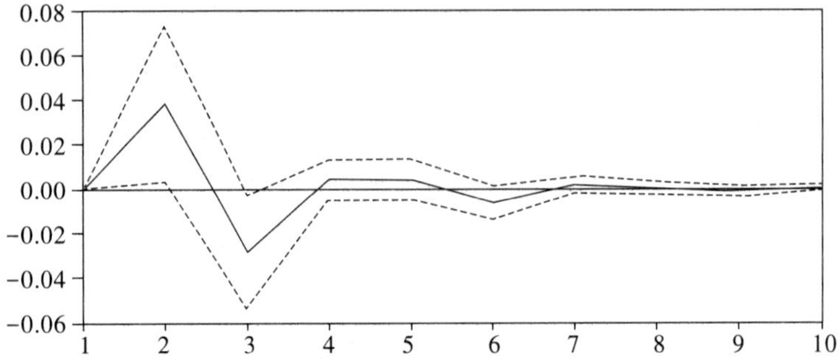

图4-3　辖区财政资本性支出绩效P受超额债务依存度edr冲击后的响应结果

部门依据相关预算法规与财务制度判断、审查各项财政资金使用过程中是否存在违规、管理不规范，以及损失浪费等情况。回顾我国政府预算管理制度的沿革历程，预算执行规则始终处于不断强化的轨道中，然而，随着我国现代财政制度建设的逐步深化，特别是预算绩效管理已进入全面实施阶段，政府预算管理的核心目标已逐渐从过程控制向结果绩效转变，预算执行规则不断强化的历史局限正在被现实打破。以往预算执行规则的相关规章制度，甚至法规中所存在的改革迟滞、与现实脱节、不适应预算绩效管理改革等情形，很可能是导致财政资金被“违规”使用的重要原因之一，而观察这一现象对公共支出绩效变化的影响则是有力的现实检验，因此，书中采用“财政资金使用非遵从度”（ndt）这一指标反映预算执行规则弱化。

$$\text{财政资金使用非遵从度}=\frac{\text{违规、管理不规范、损失、浪费金额}}{\text{预算支出总额}} \tag{32}$$

该指标的数据信息主要来自《中国审计年鉴》中审计（调查）查出的主要问题情况。由于审计发现的所谓“问题资金”存在被低估的问题，因此，“违规、管理不规范、损失、浪费金额”将进一步根据《中国审计年鉴》中的审查单位比重、资金比例等样本选取情况进行匡算。此外，与超额债务依存度相对应，预算资本性支出的财政资金使用非遵从度同样以滞后3年中的相关数据计算而来，而预算经常性支出的该指标则以当期数据测算。

（4）控制变量筛选

合理的控制变量选择可以有效解决实证模型中的自相关等问题，为了尽量避免遗漏变量，书中控制变量的选择较为全面地考察了辖区客观条件、地方政府财政能力、政治监督等几个方面，其中，客观条件因素包括人均实际GDP、人口密度、城镇化率、地形特征、辖区居民受教育程度、对外开放程度等内容，地方政府财政能力包括政府预算透明度、地方财政收支约束、转移支付依存度、公共服务供给市场化程度等方面，政治监督包括地方权力机关公共监督力度、地方人大代表结构、地方党政领导班子家乡人比例、地方媒体公共事务参与度、地方非政府组织发展水平、公开问责力度等指标。此外，因变量的滞后一期常被公共部门与社会公众作为评价当期公共支出绩效变动率的重要参照，因此，书中也将其作为控制变量引入。

本书依据GMM模型t统计量检验（见表4-14），筛选出人均实际GDP等5个指标，将其确定为一阶差分广义距估计（DIF-GMM）模型与系统广义距估计（SYS-GMM）模型各方程中应包含的控制变量[①]。

（5）基准回归结果（见表4-15）

考虑到各样本领域公共支出同处于辖区财政统一的预算盘子内，各领域绩效方程间可能存在误差项的异方差与同期相关问题，因此，书中采用动态面板广义矩估计（GMM）方法作为结构方程估计的基准回归方法，同时，运用Sargan统计量检验模型中是否存在工具变量的过度识别问题。

经常性支出方面，总体来看，辖区社会治安、社会保障领域的公共支出绩效水平与预算规则弱化指标、跨期财政总额控制指标间均呈显著负相关关系，证实了假设3与假设4。这表明对于基础性、保障性、规范性要求更为突出的经常性公共支出而言，预算执行规则弱化与财经纪律松弛并不利于其绩效水平的改善，坚持严格的支出标准、执行程序、使用范围与期限，更有助于保障并提升相关公共服务的绩效水平，同时，跨期财政总额控制越严格，即超额债务依存度越低，其对带有刚性特征的经常性支出的可持续性就越有保障，也就越有利于其绩效水平的提升。

① 联立方程估计，一方面要求每个方程所包含的自变量不应完全相同，另一方面，所选取的自变量至少应在两个方程中显著。

表4-14　　GMM模型控制变量筛选结果

	控制变量名称	含义	显著方程	t统计量	P值
p_{-1}	参照绩效	因变量滞后一期	方程（1）	1.2231	0.0346
			方程（2）	3.9578	0.0004
			方程（3）	2.0348	0.0107
			方程（4）	2.2564	0.0079
cgdp	人均实际GDP（万元）	剔除价格影响后的人均GDP	方程（1）	1.4379	0.0701
			方程（2）	2.0461	0.0676
			方程（4）	−1.5378	0.0893
cfe	人均财政支出	地方财政支出/地方常住人口	方程（1）	3.516	0.0019
			方程（2）	1.9824	0.0271
pgi	公共服务供给市场化程度	公用基建固定资产投资中利用外资、自筹资金和其他资金/总投资	方程（2）	1.9271	0.0607
			方程（3）	3.6513	0.0002
			方程（4）	1.6823	0.0811
ms	地方媒体公共事务参与度	新闻资讯类节目播出时长/地方公共电视节目播出总时长	方程（3）	−1.857	0.0213
			方程（4）	−2.1013	0.0324

注：方程（1）为社会治安绩效方程；方程（2）为社会保障绩效方程；方程（3）为环境保护绩效方程；方程（4）为基础设施建设绩效方程。

资本性支出方面，辖区环境保护与基础设施建设领域的公共支出绩效水平与预算规则弱化指标呈显著正相关关系，与跨期财政总额控制指标呈显著负相关关系，同样证实了假设1与假设2。与经常性支出不同，由于环境保护、基础设施建设等资本性支出项目往往具有投资周期相对较长、绩效成果显现较为滞后、支出过程随项目要求因时而动等特点，因此，在此类支出的预算执行过程中过多地强调资金使用的程序安排、科目界限、审核规定等预算规则将不断提高财政资金的使用成本，降低其灵活性与支出效率。财政资金使用非遵从度越高，说明预算执行规则在实践中越加弱化，从其对绩效水平的正向影响结果来看，这也进一步

表4-15　　　　　　　　**基准回归的实证结果**

公共支出分类	公共服务领域	自变量	公共支出绩效	
			DIF-GMM	SYS-GMM
经常性支出	社会治安	ndt	-1.044（6.095）**	-1.119（7.313）***
		edr	-0.058（0. 441）	-0.062（0. 461）*
		p_{-1}	0.010（0.036）*	0.019（0.052）*
		cgdp	-0.049（3.207）*	-0.063（4.294）*
		cfe	0.493（1.574）**	0.606（1.829）**
	社会保障	ndt	-1.726（-5.115）**	-1.909（-6.497）**
		edr	-0.821（0.059）*	-1.114（0.064）*
		p_{-1}	-0.537（0.006）***	-0.656（0.007）***
		cgdp	0.191（4.506）	0.220（6.372）*
		cfe	1.275（2.516）**	1.421（3.183）**
		pgi	0.426（1.774）*	0.639（1.973）
资本性支出	环境保护	ndt	1.572（5.062）**	1.805（5.564）***
		edr	-0.049（-0.225）***	-0.067（-0.737）**
		p_{-1}	1.014（0.001）	1.027（0.004）**
		pgi	0.272（1.526）**	0.312（1.948）***
		ms	1.199（1.026）*	1.473（1.622）**
	基础设施建设	ndt	0.935（4.080）**	1.299（5.256）***
		edr	-0.125（-0.515）***	-0.109（-0.475）***
		p_{-1}	0.227（0.006）**	0.418（0.008）***
		cgdp	1.241（4.003）*	-1.361（5.146）*
		pgi	0.301（1.338）*	0.324（2.008）*
		ms	0.518（1.084）**	0.625（1.219）**
AR（2）			0.119	0.158
Sargan（p）			0.136	0.195
N			280	310

注：DIF-GMM为一阶差分广义距估计；SYS-GMM为系统广义距估计；括号内为标准误；***、**、*分别表示在1%、5%、10%的水平下显著。

表明我国现行预算执行规则在资本性支出领域需以适度宽松为方向展开必要改革。同时，强化跨期财政总额控制，严格抑制地方债务规模的过度膨胀，客观上与绩效管理一同建立起了对预算执行规则弱化的制度约束，也就是说，各相关公共部门在短期内享有较为充分的财政资金自由裁量权的同时，必须明确其跨期预算总额上限以及绩效责任，从而为公共支出绩效的提升奠定制度基础。

4.4.2 加入交互分析的GMM回归

书中之所以引入跨期财政总额控制指标与预算执行规则弱化指标的交互项共同参与对辖区公共支出绩效影响的回归分析，其主要原因在于，在以往强调过程控制与年度预算平衡的政府预算管理实践中，人们常常将严格的预算执行与财政总额控制视为一体，且认为二者相互促进，而从基准回归的结果来看，若是以对公共支出绩效水平的影响为标准，跨期财政总额控制与预算执行规则弱化之间似乎也存在着某种传导机制，进而彼此增强或是抑制单个要素对公共支出绩效水平的影响，对这种关联关系的研究有助于我们在基准回归分析的基础上进一步深入讨论跨期财政总额控制与预算执行规则弱化之间的作用机理以及未来预算绩效管理改革的制度设计。

为了尽量避免多重共线性问题，实证研究中分别对交互项中的ndt与edr进行了中心化处理，同时，在加入交互项后edr在个别公共支出领域的分析结果不显著，但其交互项在资本性支出领域均显著，因此，在进行F联合检验后，证明edr与交互项一同参与回归分析是有意义的。出于对实证结果分析便利的考虑，书中将ndt视为主变量，将edr视为调节变量。引入交互项的模型回归结果见表4-16。

从表4-16的实证结果来看，经常性支出中社会治安方程的交互项并不显著，这说明该领域中跨期财政总额控制与预算执行规则弱化对支出绩效水平的影响是彼此独立的，而在社会保障方程中的交互项与因变量间则呈显著负相关关系，结合两个原自变量的回归结果可知，财政资金使用非遵从度对支出绩效的负面影响效果，随着超额债务依存度的提高而下降，换句话说，如果跨期财政总额控制缺乏约束或是过于松弛，

表4-16　　引入交互项的模型回归结果

公共支出分类	公共服务领域	自变量	公共支出绩效	
			DIF-GMM	SYS-GMM
经常性支出	社会治安	ndt	-1.204（5.591）**	-1.276（5.937）**
		edr	-0.029（0.507）	-0.033（0.558）*
		ndt×edr	-0.055（1.116）	-0.072（1.273）
	社会保障	ndt	-1.564（-3.892）**	-1.685（-5.103）**
		edr	-0.791（0.047）*	-1.038（0.062）*
		ndt×edr	-0.038（1.629）***	-0.054（1.683）**
资本性支出	环境保护	ndt	1.167（4.291）*	1.394（5.726）***
		edr	-0.064（-0.315）	-0.066（-0.426）
		ndt×edr	-0.026（1.765）*	-0.055（1.928）**
		F	33.154	
	基础设施建设	ndt	1.437（6.137）**	1.705（7.022）**
		edr	-0.173（-0.572）*	-0.204（-0.641）
		ndt×edr	-0.074（1.539）**	-0.097（1.647）***
		F	45.179	
AR（2）			0.136	0.182
Sargan（p）			0.159	0.211
N			280	310

注：DIF-GMM为一阶差分广义距估计；SYS-GMM为系统广义距估计；括号内为标准误；***、**、*分别表示在1%、5%、10%的水平下显著；F联合检验在5%的水平下显著；表中省略了控制变量的回归结果。

那么，预算执行规则弱化对支出绩效水平的负面影响效果更小，假设5得到证实。这显然与社会保障服务供给的基础性、广泛性、强制性等特征密切相关，作为社会安全网，社会保障支出的范围、标准、时效、拨款来源往往需要严格的程序规范和充足的资金保障作为支撑，因此，跨期财政总额控制的失衡将在资金供应、预算分配、时间安排等多个方面减弱预算执行规则强化对支出绩效改善的边际影响。

与经常性支出中社会保障领域的情况类似，资本性支出中的环境保护与基础设施建设方程中的交互项与因变量间同样呈显著负相关关系，不同的是，随着超额债务依存度的提高，财政资金使用非遵从度对支出绩效的正向影响效果将下降，也就是说，跨期财政总额控制的松弛将减小预算执行规则弱化可能带来的支出绩效提升效果。事实上，这一结论既证实了假设5，也进一步解释了基准回归中跨期财政总额控制指标与预算执行规则弱化指标在资本性支出中对支出绩效影响符号相反的原因。更主要的是，由此可以得出本书一项重要的研究结论，即预算执行规则的适度宽松应与跨期财政总额控制的严格约束密切配合，共同构筑起实现辖区资本性公共支出绩效水平有效改善的制度框架，二者不可偏废，单独强调跨期财政总额控制，轻视预算执行规则弱化的效率激励，政府预算改革将重回过程控制的老路，而过度执着于预算执行规则弱化所带来的自由裁量权，缺乏跨期财政总额控制与绩效责任的硬约束，同样无法充分发挥预算执行规则弱化对支出绩效改善的积极作用。

4.4.3 进一步研究

（1）稳健性检验

从基准模型的实证结果可以看出，同属经常性支出的社会治安与社会保障两个公共支出领域的估计结果对比中，跨期财政总额控制与预算执行规则弱化两个主要自变量对辖区公共支出绩效的影响具有一致性。同属资本性支出的环境保护与基础设施建设两个公共支出领域的估计结果对比中，同样具有以上特点。以上实证过程，相当于对模型因变量的指标与数据进行了组间替换，实证结果已在一定程度上证明了模型设计的稳健性。接下来将通过替换主要自变量的数据或指标的方式进一步检验模型的稳健性。

首先，预算执行规则弱化指标既可以通过“财政资金使用非遵从度”的形式予以反映，也可以采用“预算资金利用率”（决算支出/预算支出）指标进行衡量（余锦亮、卢洪友，2018），其原因在于：“财政资金使用非遵从度”指标从反规则的视度测度了预算执行规则的弱化程度，但从总量控制的角度来看可能仍存在一定的局限性，因此，用决算支出代替违规资金，从规则遵循的角度，重新考察预算执行规则弱化对绩效的影响。根据表4-17的估计结果可知，经常性支出中财经纪律的遵从度越高，实现的公共支出绩效水平则越高，资本性支出则相反，这从“财政资金使用非遵从度”指标的反面佐证了表4-15估计结果的稳健性。

其次，由于现有文献中衡量我国地方债务规模及增量的标准与口径存在多种模式，为了避免书中所选方法存在的缺陷，跨期财政总额控制指标重新选择了“赤字依存度”（全口径预算收支差额/全口径预算支出）[①]这一指标对模型展开稳健性检验，其原因在于：在中央对地方转移支付资金拨付存在制度转换成本与执行时间滞后等客观因素的情况下，地方财政各类预算支出中扣除预算收入弥补的经常性支出后的余额普遍带有资本性支出特征，可用于匡算地方债务增量（汪冲，2014；闫坤、刘陈杰，2015），而之所以基于全口径预算的考察，一方面为了对应“超额债务依存度”中地方债务增量测算的全口径维度，另一方面为了更为准确地核算地方债务增量的可能规模。在数据使用上，保持与“超额债务依存度”指标一致，同样选择滞后3年的全口径预算收支差额与全口径预算支出总量计算“赤字依存度”，以此反映跨期财政总额控制。由表4-17可知，长期时间跨度内的“赤字依存度”越高，辖区资本性支出绩效水平越低，同时，对经常性支出绩效的影响亦如此，这与表4-15中“超额债务依存度”指标的估计结果一致，同样验证了结果的稳健性。

（2）区域特征分析

考虑到我国地方各省级辖区的经济发展水平、产业结构、市场化程度等方面的差异，上文得到的研究结论是否适用于我国所有地方辖区，跨期财政总额控制与预算执行规则弱化对公共服务绩效质量的提升效应在哪些地区的作用效果更为显著，换句话说，未来地方政府预算绩效管

① 全口径预算收支差额，即一般公共预算、政府性基金预算、国有资本经营预算、社会保障预算四项预算各自预算收支差额之和，2011年之前选择一般公共预算收支与预算外收支差额之和。

表4-17 **基准回归结果的稳健性检验**

公共支出分类	公共服务领域	自变量	公共支出绩效	
			DIF-GMM	SYS-GMM
经常性支出	社会治安	ndt	1.253（4.364）**	1.281（6.317）**
		edr	−0.105（0.376）	−0.114（0. 401）*
		p_{-1}	0.025（0.074）*	0.032（0.097）*
		cgdp	0.115（5.318）*	0.148（5.729）**
		cfe	0.617（2.071）*	0.743（2.894）**
	社会保障	ndt	−1.643（−6.031）**	−1.839（−6.715）*
		edr	−1.267（0.273）*	−1.341（0.319）*
		p_{-1}	−0.731（0.013）**	−0.827（0.021）**
		cgdp	0.135（4.582）	0.182（5.931）*
		cfe	1.061（1.734）**	1.518（2.905）**
		pgi	0.623（2.167）*	0.814（2.725）
资本性支出	环境保护	ndt	−1.273（4.915）***	−1.505（5.722）**
		edr	−0.127（−0.374）**	−0.188（−0.831）***
		p_{-1}	0.544（0.003）*	0.653（0.006）*
		pgi	0.422（2.121）*	0.537（2.749）***
		ms	1.393（1.519）**	2.004（1.622）***
	基础设施建设	ndt	−1.247（4.734）***	−1.399（5.692）***
		edr	−0.533（−0.497）***	−0.624（−0.608）***
		p_{-1}	0.193（0.007）*	0.227（0.009）**
		cgdp	−1.537（4.267）	−1.706（4.819）*
		pgi	0.517（1.568）*	0.579（1.794）**
		ms	0.491（1.152）**	0.577（1.353）***
AR（2）			0.132	0.164
Sargan（p）			0.163	0.207
N			280	310

注：DIF-GMM为一阶差分广义距估计；SYS-GMM为系统广义距估计；括号内为标准误；***、**、*分别表示在1%、5%、10%的水平下显著。

理制度改革的重点区域是哪里的问题还有待进一步讨论。书中以经济发展水平为依据，将全国31个省级辖区分为欠发达地区、次发达地区和发达地区三组[①]，重复上述模型，得到实证结果（见表4-18），并做出进一步分析。

表4-18　**分区域进一步研究的实证结果**

公共支出分类	公共服务领域	自变量	公共支出绩效					
			欠发达地区		次发达地区		发达地区	
			DIF-GMM	SYS-GMM	DIF-GMM	SYS-GMM	DIF-GMM	SYS-GMM
经常性支出	社会治安	ndt	-0.115* (5.007)	-0.134** (6.213)	-0.0705** (1.924)	-0.104** (2.696)	-0.0232 (3. 473)	-0.042 (4.057)
		edr	-0.0787* (0.672)	-0.946* (0.762)	-0.0443** (0.227)	-0.637** (0.466)	-0.0188 (0.464)	-0.022 (0.663)
	社会保障	ndt	-0.0622** (1.454)	-0.096** (2.051)	-0.1001* (3.52)	-0.155** (4.131)	-0.056 (1.283)	-0.074 (1.765)
		edr	-0.037* (0.363)	-0.062* (0.608)	-1.221** (1.172)	-1.406*** (1.394)	-0.002 (0.084)	-0.004 (0.137)
资本性支出	环境保护	ndt	0.728** (5.106)	0.813** (5.567)	0.533* (2.347)	0.703* (3.041)	0.154* (1.280)	0.165** (1.759)
		edr	-1.092*** (-0.975)	-1.215** (-1.344)	-0.855* (-0.797)	-0.934** (-0.826)	-0.1035** (-0.504)	-0.121* (-0.728)
	基础设施建设	ndt	0.5841* (3.554)	0.647* (4.622)	0.347** (2.066)	0.471** (2.537)	0.073* (1.271)	0.092* (1.544)
		edr	-0.4293*** (-0.573)	-0.582** (-0.634)	-1.0082*** (-1.001)	-1.108** (-1.267)	-0.064* (-0.011)	-0.072** (-0.046)
AR（2）			0.176	0.165	0.133	0.113	0.104	0.114
Sargan（p）			0.116	0.155	0.175	0.214	0.158	0.209
N			140	140	90	90	80	80

注：DIF-GMM为一阶差分广义距估计；SYS-GMM为系统广义距估计；括号内为标准误；***、**、* 分别表示在1%、5%、10%的水平下显著。省略了控制变量的回归结果。

① 本文以31个省级（台湾省未统计在内）辖区2008—2017年间人均实际GDP的均值为依据进行排序，将北京、天津、上海、江苏、浙江、福建、内蒙古、广东、山东9个地区定义为发达地区；将重庆、湖北、吉林、陕西、辽宁、宁夏、湖南、海南8个地区定义为次发达地区；将青海、河北、河南、新疆、黑龙江、江西、四川、安徽、广西、西藏、山西、贵州、云南、甘肃14个省区定义为欠发达地区。

由表4-16可知，核心变量间的实证关系与上文结果基本一致，但从三组不同地区的估计结果比较中不难发现，发达地区样本估计结果的显著程度远低于欠发达与次发达地区，在预算执行规则弱化对辖区公共服务绩效的响应方面，发达地区组仅在资本性支出领域呈显著状态，跨期财政总额控制指标对辖区公共服务绩效的显著影响也仅存在于资本性支出的两个领域。这在一定程度上证明了欠发达与次发达地区更应着重展开预算执行规则弱化与跨期财政总额控制相结合的地方政府预算绩效管理制度改革，一方面从提高短期预算资金使用灵活性，强调公共部门预算自由裁量权，区分经常性与资本性支出的视角，改革各种基于预算控制和伪市场化的地方政府预算执行制度；另一方面，加快推进跨期财政总额控制与中期支出框架的相关制度建设，从长期预算平衡与债务风险控制的角度，保障绩效水平提升的长期稳定性与可持续性。

5 地方政府预算绩效管理的全面实施

基于上文我国辖区公共利益维护与基层社会治理问题的理论探讨与实践综述，特别是实证研究的深入分析，各方面的研究结论与改革思路逐渐汇集到了以地方政府预算绩效管理为核心的制度创新与机制设计上来。2018年，中央出台《关于全面实施预算绩效管理的意见》为相关改革提供的指导方向，然而，具体的改革措施和执行方案还需要进一步明确。本章重点阐述了控制与绩效兼容的地方政府预算制度创新，从多个方面提出地方政府预算绩效管理改革的具体措施，并以地方政府部门预算作为改革平台与载体对接各项制度创新，同时，指出所需的地方财政体制配套改革。

5.1 控制与绩效兼容的地方政府预算制度创新

以往我国地方政府预算绩效管理改革的多方尝试，之所以效果有限甚至流于形式，其中很重要的原因之一，即没能科学地处理好财政投入控制与支出绩效结果之间在预算管理过程中的彼此关系，而要在这一问题上有所突破，书中建议必须在预算控权与授权改革、绩效信息公开的预算流程监督、“黄金法则”视角下的预算平衡与项目分类改革、单独设立地方政府债务性资金预算，以及基层社会组织事权重构与政府预算责任保障等几个方面采取实时性改革措施。

5.1.1 地方政府部门预算绩效管理中的控权与授权改革

地方政府预算绩效管理改革有效推进的前提在于建立支出绩效与投入控制相兼容的预算制度框架，地方财政、审计与各职能部门之间的预算权力配置则构成了这一改革框架的基础。基于上文实证研究的一系列结论，总体而言，对于地方财政资本性支出而言，在跨期财政总额控制的时间范围内，预算资金的相关执行支配权应尽可能地让渡于各职能部门，明确其在绩效承诺与过程授权中的主体地位，尽量减少财政部门对职能部门的审批与检查。财政部门预算执行过程的管理职责主要在于以备案制而非审批制，以监督而非监控的方式掌握预算资金的支付流向、往来调拨、使用进度、结余情况等过程变化信息及相关证据，此为地方政府预算绩效管理改革中的“简政放权”及“两紧一松”中的“一松”。同时，财政部门应重点关注“两紧”，一是不断完善中期支出框架，在跨期预算编制与债务增量把控方面应树立起财政总额控制的法律与制度权威，一旦出现跨期财政总额被突破的情况，必须严肃问责，财政部门应承担主要责任。二是全面实施预算绩效管理，将结果绩效作为衡量政府公共预算行为的核心标尺，重点围绕绩效目标的实现程度、绩效水平的改善情况、绩效合约的法律责任等展开奖惩与问责。显然，“两紧”的改革措施同样适用于地方财政经常性支出。在具体实践中，地方政府各主要部门预算单位对跨期财政总额控制与预算执行规则弱化的正确理解十分重要，从公共部门预算权力重置的视角来看，部门预算绩效管理又可分为控权改革与授权改革两个部分。

（1）部门预算绩效管理的控权改革

明确财政部门对部门预算单位的跨期财政总额控制权、过程监督权以及结果问责权等，其中，跨期财政总量控制权是财政部门预算绩效管理的核心权属，包括总额调整与部门债务性投资的总量控制。目前，我国各级部门编制预算之前，缺乏一个包含跨期总量控制与分配、阶段性绩效引导、政策空间制定、近远期预算相结合的完整的预算战略计划来引导财政资金的分配，部门预算的编制与执行也主要倾向于以部门利益为基础，公共利益保障目标模糊，因此，地方财政部门应尽快适应预算绩效管理改革的要求，重新调整自身在预算管理中的职能定位与管控重点。

首先，依据实证分析的相关结论，辖区公共服务绩效水平在相邻时间跨度中的负相关性与中长期螺旋式改善的特征，为跨年度、多年期预算平衡机制改革提供了客观依据。建立与跨年度或中期支出框架相适应的多年期辖区公共服务绩效合约，并在其中以区间形式明确跨期绩效水平变化的上下限，以短期内的预算灵活授权换取中长期绩效的稳健提升，而要实现这一目标，跨期财政总额控制的极限约束就变得十分重要了，因此，遵循跨期财政总额控制的思路，由财政部门根据不同公共部门职能履行与绩效目标追求的客观要求，以及相应公共需求的变化，设定职能部门跨期总支出限额和各部门预算大类的支出上限，且限额一经确定不可随意突破。限额的设定一方面要反映公共政策的绩效目标与优先次序，另一方面还要发挥抑制部门支出非理性增长的作用。

其次，过程监督权强调预算执行流程的信息观测、预警、提示、证据采集，这一权力的突出特点在于“监督”而非“监控”，即财政部门有权构建部门预算执行全程的信息采集系统并向部门预算单位以及相关监督部门开放，提供信息共享服务，也有权在预算执行过程中提示部门预算单位关注或有及风险事项，但无权直接干预甚至阻断部门的具体预算行为。

最后，绩效结果问责权与跨期财政总额控制权相协同，其主要体现在财政部门有权力也有义务要求部门预算单位依据年度或是对应中期预算的多年期部门绩效规划的目标时点，向财政部门提供详尽的预算执行与相应绩效结果报告书，财政部门有权组织、协调部门预算单位内部控制机构以及审计部门，或是相关专业的第三方机构对报告书展开审核工作，并出具最终审核意见。这一权力的制度化严格履行与预算执行过程监督权的相对弱化，形成了财政部门与职能部门之间在预算绩效管理中的主要权利义务关系，即职能部门在预算执行过程中所拥有的相对充分的自由裁量权，必须建立在财政部门甚至多方机构绩效结果审查的制度约束基础之上。同时，财政部门有权向政府行政首长、审计机构、权力机关提交基于绩效结果审查的部门预算奖惩问责议案。这里需要指出的是，绩效结果的变化与绩效目标的实现程度受到多种因素影响，如体制改革、政策变动、经济冲击、自然灾害、人为因素等，从客观评价及保障部门职能正常履行的角度，部门预算的绩效问责，在财政资金层面上应以奖励为主，而责罚则主要体现在对相关职能部门预算执行自由裁量权的收紧。

（2）部门预算绩效管理的授权改革

与财政部门的控权改革相对应，部门预算绩效管理改革中各职能部门的授权主要体现在预算执行过程中部门预算资金的灵活使用，如明确授予部门预算单位预算大类内部资金调整权、项目优先顺序资金配置权、项目资金使用期限调整权、预算资金投入方式的选择权等。

第一，预算大类内部资金调整权是指允许部门预算单位在基本支出预算内部科目之间、项目支出预算内部科目及项目之间进行资金调节，同时，建立起严格的项目支出预算向基本支出预算调整、资本性支出向经常性支出调整的资金流转单向约束机制，反之，则同样赋权给部门预算单位。

第二，项目优先顺序资金配置权是指部门预算单位有权根据自身职能履行、绩效目标、预算资金的有限性自主安排项目资金使用的优先顺序，这一权力的授予有助于部门预算单位更加关注于公共政策执行的连续性与完整性，最大限度地适应实际情况的变化，从而实现支出绩效的不断提升。

第三，项目资金使用期限调整权是指部门预算单位有权灵活安排项目资金的使用进度，特别是一些资本性项目的资金投入。不同类型的预算投资性支出在资金使用的期限、流量、方式等方面都可能存在差异，预算执行单位自身最为了解项目资金的各种需求特点，因此，赋予部门预算单位灵活安排及调整相应资金的使用期限与进度将十分有利于资金使用效率的提升。

第四，预算资金投入方式的选择权，即部门预算单位有权选择并确定本部门项目支出的执行方式，或是部门预算资金单方投入、或是预算资金与债务资金相结合，抑或采用PPP等模式，同时，财政部门不对部门预算资金的具体投入方式与渠道做出硬性规定，包括是否采取政府采购等统一支出模式。

显然，以上对部门预算单位的预算授权充分体现了预算绩效管理改革对部门预算灵活性的强调，然而，这种灵活性是与部门预算单位的绩效责任与职能义务相对应的，也只有在部门预算单位与财政部门之间达成绩效协议并对自身绩效负责的前提下才能得到以上授权，即职能部门的以上授权是以财政部门相关控权为前提的。此外，从我国现代财政制度建设的实际情况出发，此类授权或称权责分配暂不适合将授权规则或是其他相对更为保守的预算规则以法律的形式予以确立，这既不符合改革实践的变化，其权威性也很容易在各种外部冲击下受到损害，保留一定的制度改革空间，有助于地方政府预算绩效管理改革的不断完善，这一观点与马斯格雷夫的预算平衡论存在一定的相似之处。

（3）建立部门预算绩效管理的奖惩制度

有效利用绩效责罚，提高绩效奖励，以制度化的手段消除辖区政府绩效不作为的“懒政”行为。观察实证结果不难发现，相对绩效奖励，辖区公共部门面对相同程度绩效惩罚时的心理效用损失将更加沉重，或者说，对绩效惩罚的惧怕比对绩效奖励的刺激更有助于绩效水平的改善，此种情形下，辖区公共部门的绩效心态很可能在长期的服务供给过程中演变为规避风险、维持现状、不求有功但求无过式的“懒政”行为。显然，应以相对谨慎、客观的绩效结果为依据，一方面，不断提升惩罚措施的预期威慑力与执行严肃性；另一方面，以显著高于惩罚力度的奖励措施引导辖区公共部门追求绩效提升。从我国的相关改革实践来看，一是要对辖区公共部门的失职、渎职行为严加惩处，对在公共服务供给与绩效改善过程中敷衍塞责、弄虚作假等行为采取资金、人事、党务、刑责等多方面的综合惩治措施，使得相关公共部门对公共服务绩效的取得始终不敢怠慢；二是要在政府预算“其他支出”的款级科目中增加“绩效奖励支出”，并比照相同程度的绩效惩罚以一至两倍的力度确定绩效奖励，这种奖励力度同样适用于职务、职级、名誉等其他形式的褒奖；三是要综合考虑辖区公共服务绩效变化的时空规律与部门预算中附加的绩效合约，确定绩效奖惩的区间范围与临界值。

5.1.2 基于绩效信息公开的预算流程监督

无论是基于地方政府预算还是基层社会组织的公共决策，公开透明都是尊重辖区居民政治权利，促进公共利益最大化的基本条件与必然要求，其中健全地方政府预决算公开制度，充分利用信息技术改进预决算公开手段，完善预决算公开的内外监督体系，营造主动参与、民主决策的预决算公开社会氛围将为辖区公共支出绩效与居民公共服务满意程度的不断提升提供重要制度与机制保障。

(1) 建立以支出绩效为核心的预算审批与监察制度

首先，在地方预算实施条例的修订中，应明确规定预算审批时地方各级人大常委会对预算草案享有预先审议权及要求修改的权力，明确人大代表享有预算草案的质询权。在具体预算审查中，应以财政支出政策和具体支出项目为依托，将预算支出的多期总量控制与绩效目标设定作为立法机构批准预算的主要目标，改变以往主要侧重审查年度预算平衡的简单做法，将预算审批重点放到支出预算的绩效结果实现上来。对于地方立法机关的初步预算审批意见，特别是部门预算绩效目标设定的依据、实现方式、时间跨度等内容在预算审批过程中应及时向社会公示，并留有较为充裕的时间接受社会公众质询，之后进入修正与预算终审环节。显然，从我国现行地方政府预算流程管理的现实出发，要真正做到以支出绩效为核心的预算审批，除了绩效信息的公开透明，地方立法机关还需要拥有相对充裕且合理的预算审批时间安排。这里建议地方各级党委和政府的年度经济工作会议最迟应安排在每年的第三季度召开，这一方面，可对当年的政府预算执行情况及绩效目标的实现程度给出较为客观的预判；另一方面，政府下一个预算年度的预算编制工作应先于年度经济工作会议展开，如在当年年度中期开始，之后依据经济工作会议内容予以调整。这样可以保证第四季度政府预算草案能够进入同级立法机关的审批程序，立法机关才能有充分的时间与政府部门展开有关绩效目标设定的合理性与可行性商讨，同时，通过绩效信息公开的方式听取人大代表、政协委员、社会组织与公众的反馈意见，在此期间，人大代表可就绩效目标与预算编制之间的关联提出质询。当然，这也涉及上级政府（包括中央政府）相关预算管理工作的时间调整。

其次，在预算执行、调整过程中，地方政府应对各公共部门预算执行情况进行内部审计，可考虑在未来的政府机构改革中将现有审计机关脱离政府行政体系，整体隶属于立法机构，增强立法机构预算监督的专业化程度和审计机关的独立性，从而保证审计过程的公开透明与审计结果的客观公正。审计机关应当对审计的财政决算账户、政府预算会计报告、预算绩效契约履行情况出具审计报告，年度、跨年度与专项审计报告应提交立法机构，并在法律规定的时间内及时向社会公布。地方政府依据不同预算周期形成一系列政府预算会计报告，年度报告侧重经常性收支，跨年度或中期报告侧重资本性收支与债务状况，重点反映预算支出的结果绩效，如地区公共服务需求数量与质量的满足程度、绩效目标的完成情况、财政总额控制是否有效等，地方政府应及时向立法机关提交这些详细完整的决算文件，经立法机关审议批准后向社会公布。同时，地方政府至少应按季度向立法机关提交有关预算执行与绩效情况的阶段性报告，并及时向社会发布与更新季度报告。

最后，设定预算绩效合约的内容、形式与执行规范，不断提高预算合约的透明度。在地方各职能部门的预算编制过程中，将预算绩效合约作为各自部门预算草案的重要附加文件与部门预算一同提交地方权力机构各专业委员会审批，合约执行结果报告同样与部门决算一同提交地方权力机关审议。预算绩效合约的内容与范式，包括资金来源、拨款与使用主体、最终责任人、绩效目标与依据、结果绩效的测度标准与形式、绩效取得的时间期限、可能存在的风险等。同时，与历史水平相比较并匹配不同时间跨度的预算总额控制，制定明确的绩效改进责任规划。预算绩效合约的内容除需经过权力机关审批外，审议通过的绩效合约与执行结果报告还应通过各公共部门、财政部门或人大机关的门户网站向社会公开，最大限度地提高预算绩效合约签订过程、绩效承诺、执行结果的透明度，从而，为辖区居民合理预期公共服务绩效水平提供更为客观的细节，并使其认识到在公共服务消费中所获得的收益要远高于为此放弃的私人消费的机会成本。总之，上升到立法层面，充分透明公开的预算绩效合约将有效提升辖区居民对公共服务消费的主观偏好，从而推动服务绩效的不断改善。

（2）提高预算支出绩效信息反馈与监督质量

同立法与行政机构相比较，社会公众更多地是通过政府预算执行的最终效果来反馈对公共支出的满意程度，提出群体性意见，进而影响政府未来预算安排，这就需要建立起广泛且制度化的绩效信息反馈系统，并提高。

第一，加大《中华人民共和国预算法》及公民预算权力的宣传教育力度。长期以来，我国财政预决算工作一直是以政府部门为主，许多公众下意识地认为预决算是政府的事，与自身无关。然而，政府预决算的本质是为了更好地为辖区居民提供公共服务，公民有权对政府的预决算工作进行监督，只有让民众真正认识到自身对政府预算支出绩效的评判能够有效改善辖区公共服务质量，切实维护自身利益，绩效信息反馈系统的建立才能发挥必要的作用。建议地方立法机构可以尝试赋予基层社区、公益性社会机构、行业工会组织公共法人身份，从各自事权范围与从业特点出发，对公众展开《中华人民共和国预算法》辅导式的宣传讲解，普及政府预决算的基本常识，重点建立区域或行业公共服务绩效信息的汇总机制，并在此基础上，组织民众开展参与式的政府预决算管理活动，有组织有重点地通过绩效信息的沟通反馈，实现公共服务效果的不断改善，同时，也部分解决了以往绩效信息反馈分散、利用效率不高等问题。这里需要强调的是，公众绩效信息的集中反馈同样需要财政及各职能部门及时、客观的回应，只有建立起彼此相互尊重、相互信任的沟通渠道，社会公众才能体会到公民预算权力的真实存在。

第二，建立多渠道、多层次的绩效信息反馈系统。绩效信息反馈是公共需求偏好表达的重要形式之一，由于其是以真实的公共服务消费体验为依据的事后反馈，因此，如何收集、分辨并利用好这一信息资源将直接影响到地方政府预算绩效管理改革的实际效果。建议一方面各职能部门的社会交流平台应与财政部门共享辖区居民所反馈的支出绩效信息，使得财政部门可以随时了解职能部门的支出绩效动态，另一方面赋予基层社区和专业非政府组织相关事权，使其作为主要载体汇集绩效反馈信息，并对信息的真实性与合理性进行甄别。此外，应充分发挥新闻媒体的舆论监督作用，财政部门可与其展开积极合作，如加强地方媒体对公共事务，特别是公共服务效果的关注力度与报道时长，建立专题调查与走访类栏目，积极推广“电视问政”等公开形式的沟通问责类节目等，从这一渠道更为全面、真实地掌握公共支出绩效信息。

第三，充分利用网络技术改进绩效信息共享渠道。对于公共部门来说，绩效信息反馈网络系统的建立将有利于其在节约成本的前提下尽可能地获取公共需求偏好信息，降低绩效管理成本，有利于管理制度与方法的不断完善，绩效评定结论的迅速传播，更便于各方及时了解政府部门预算支出绩效管理的现状。对于公众来说，可以随时发表有关政府部门预算支出绩效管理的意见和建议，以实现管理的民主化、透明化，杜绝绩效管理过程中不必要的“暗箱操作”。这种绩效信息的充分共享必将极大地推动政府部门预算支出绩效管理改革的尽快完善，并提供给公民普遍且真实的预算参与的可能性。具体而言，在地方财政部门的门户网站中设立预算参与及绩效信息反馈专栏，搭建起政府部门与社会公众、基层社会组织、非政府组织之间的预算沟通渠道，特别是提供预算安排与执行绩效之间的关联信息，如绩效目标、责任主体、时间期限等绩效合约信息，接受社会质询，收集辖区居民的公共需求偏好信息。此外，对预决算信息提供不同的检索方式，提供尽可能多的历史数据。

第四，在对预算支出绩效信息有了较为充分的把握之后，立法机关的监督质量也需不断提高。一方面，应重点加大人大机构中专业委员会的组建与职能改革力度。加强人大机构中财政经济委员会与其他专业委员会在预算管理工作方面的沟通与合作力度，将以财政经济委员会为核心的双边联席会议制度化，依据各专业委员会对各政府职能部门预算执行绩效结果的专业评判优势，更好地提高对政府预算支出绩效信息真实性与全明星的监督水平。另一方面，加强人大代表预决算审议的专业化水平。从我国预决算立法监督的角度看，无论是地方各级全体人民代表大会还是人大常务委员会中都有一定比例的人大代表缺乏政府预决算监督的专业知识，这使得许多人大代表在有限的会期内很难对政府预算草案做出专业性的判断，同时也在很大程度上影响了常规预算执法监督的效果，导致立法机关对政府预决算监督的弱化。建议各级立法机关将每年人大代表资格的审查与人大常委会组织的政府预算专题知识培训直接挂钩，只有按要求参加培训和学习的人大代表才有资格延续其届内代表资格，同时各级立法机关应定期要求财政部门或政府有关部门选派负责同志担任主讲，向人大代表介绍、解答政府预算或部门预算中的专业知识及调整变化。此外，立法机关还应建立预决算公开审查专门委员会，吸收基层社会组织、非政府部门、专家学者、研究机构参加，重点审核预算绩效目标与绩效结果，并提出修订及奖惩建议。

5.1.3 “黄金法则”视角下的预算平衡与项目分类改革

纵观21世纪以来的各国财政实践可知，一方面，传统的年度预算平衡由于其被动消极的财政治理理念与制度安排无法适应宏观经济的大幅波动以及具体经济政策、大型项目的长期规划，使得各国财政管理很难固守这一原则；另一方面，周期预算平衡理论在实践中所体现出的预算支出灵活性和积极财政政策又可能带来较为严重的赤字问题与债务危机。因此，20世纪80年代，以马斯格雷夫为代表的公共财政理论学者提出了新的预算平衡理论，即预算平衡的“黄金法则”，并很快受到了部分债务激增的发达市场经济国家的重视，如日本在20世纪80年代财政重建时期就曾实行这一法则，既保证了经济增长，又在一定程度上改善了财政状况。20世纪90年代后期，英国财政大臣布朗宣布布莱尔政府也将遵循这一预算平衡法则，即确保政府在整个经济周期中所借全部债务仅仅用于投资，现金支出部分将完全由税收补足。进入21世纪之后，“黄金法则”所代表的预算平衡理念进一步得到了更多发达市场经济国家的认可。法国萨科齐政府始终致力于政府债务预算与一般性预算、资本性支出与经常性支出的分离，并要求就恢复预算平衡设立框架性法案，甚至将这一规定载入宪法，旨在一定的年限（至少三年）内使公共预算达到平衡。

显然，以马斯格雷夫为代表的“黄金法则”预算平衡理论学者具有明显的新凯恩斯主义色彩，他们延续了欧陆学者对国家生产性的看法，认为政府并非仅仅是消费性的，因而不应过分地限制政府的支出，更不能简单地追求预算平衡，他们主张将预算程序划分为经常性支出和资本性支出预算是十分重要的。对不同类别的支出也应有不同的约束规则，经常性支出应当服从现收现付制的财务制度，而除了资产在整个使用期内的折旧外，经济逻辑要求资本预算应由贷款的方式融资。在政府预算的总规模上，解决问题的目标应该是改善预算的表现而不是以预算平衡为唯一固守目标消减预算。不难看出，"黄金法则"是预算周期平衡理论的完善与进一步升华。当然，对于"黄金法则"的预算平衡理论也存在不同观点，最具代表性的当属以布坎南为代表的公共选择理论的预算平衡观点。他们坚持了新古典主义的预算观，主张保持预算的年度平衡，以财政收入的有限性来约束政府行为，并强调法律规则在限制政府行为上的重要性，支持在美国实施预算平衡的宪法修正案。

依据"黄金法则"对预算平衡的理解，更为精细化地区分不同地区公共服务的属性特征，从而更有针对性地制定不同公共部门与支出项目的预算管理模式，才能最终实现以公共支出绩效最优为代表的公共利益最大化目标。具体改革措施如下：

第一，构建政府预算单位分类预算管理模式。依据"黄金法则"对公共支出分类的判断，教育、科技等涉及人力资本积累、技术创新与攻关的公共部门可视为资本性（投资性）预算管理适用的对象，对其核心项目支出预算与委托项目支出预算应采用权责发生制进行会计核算，同时，加快此类部门跨年度滚动或多年中期预算的制定，并建立健全相应的绩效规划，制定积极的公共政策并赋予部门相应的灵活性，鼓励公私合作（如PPP）形式的资金注入与管理创新。此外，既然教育、科技方面的财政支出属于投资性质，那么，借鉴发达市场经济国家的有益经验，将通过政府的债务性收入作为一部分财源，从逻辑上就说得通了。

第二，细化项目支出预算分类。"黄金法则"使人们从更为现实的角度认识并细化了预算平衡问题，基于中国地方政府预算管理实践，部门预算的内部分类，如果将基本支出预算视同经常性支出预算，那么，项目支出预算应进一步细分为资本性（投资性）项目预算与非资本性项目预算两部分。针对项目支出预算中的资本性（投资性）项目预算应尽快将现行逐年编制的滚动财政预算与中期支出框架相衔接，并依据项目特点客观确定执行年限。财政部门应首先要求部门预算单位以中期支出框架为时空界限，以结果绩效为资本性项目支出预算编制与执行依据，形成完整的中期项目支出预算安排与绩效规划，要求其采用权责发生制记录资本性项目支出，并以此预算会计信息在中期项目支出预算周期内与绩效目标进行时点对比，从而实现财政部门对部门预算单位资本性项目支出的过程与结果监督。同时，在没有明显或是重大偏差的情况下，财政部门并不适合在部门资本性项目预算执行过程中对部门预算资金使用进行直接干预。

5.1.4 单独设立地方政府债务性资金预算

从发达市场经济国家的政府预算管理实践来看，地方政府各公共部门所使用资金既有来源于公共预算的预算内资金安排，也有源自社会保障、债务周转等方面的预算外资金。我国自2011年起预算外资金管理的收入全部纳入预算管理，预算外资金收入的概念逐渐消失，然而，世界各国政府预算内外资金的划分有着各自历史性的主客观因素，比如债务性资金的收支与经常性的公共预算资金收支就存在着明显的差异，即使是以合并方式呈现出的政府公共预算也应将政府与部门的债务性资金与经常性资金区分开来。不同于发达国家对债务资金使用的灵活性、政治规避等方面的预算外管理需求，我国政府及部门预算对债务性资金的管控更多地体现为风险控制、结果问责，以及优化预算分类所带来的管理效率提升。

建议在目前部门预算基本支出预算、项目支出预算的大分类基础上，结合项目支出预算中投资性项目支出预算与非投资性项目支出预算的细分，再单独设立公共部门债务性资金预算。通过这种部门预算资金来源性质的区分，设定不同的预算管理方法与绩效目标要求。首先，部门预算单位负责本单位的债务预算编制，明确具体使用项目、期限、资金来源、收益预期、责任主体等内容。其次，债务预算内部应明确支出项目的资金来源，哪些是中央国债资金安排，哪些是地方一般或专项债安排，哪些是国际金融组织及外国贷款，哪些是以公私合作方式建设并获得的债务融资等。再次，依据“黄金法则”的资金使用原则，明确部门公共预算资金与债务性资金在投资性支出项目中的使用比例，原则上部门公共预算资金只用于满足部门经常性支出以及非投资性支出项目，但在部门投资性支出项目中也可能存在资金执行监管、项目评估、政策引导等方面的基本支出性质的资金需要，因此，财政部门有必要与部门预算单位共同制定投资性支出项目中公共预算资金的使用比例，当然，这一比例在投资性支出项目中相对于债务资金一定较小。最后，部门债务预算应突出体现与投资性支出项目预算的交叉关联，即哪些项目使用的是哪些来源的债务资金，同时，结合投资性支出项目权责发生制的会计核算，明确项目的收益预期与偿还安排。此外，这项改革的积极意义还在于，通过地方部门预算层面的改革试点，积累并总结经验，当时机成熟时可逐步扩大到中央乃至全国范围的政府预算管理制度改革。

5.1.5　基层社会组织事权重构与政府预算责任保障

城市社区与农村村组作为我国基层社会治理的基本单元，是国家行政管理与社会民主建设、公益组织发展、市场互动的重要结合部与磨合器，一方面，社区是地方政府行政管理的“神经末梢”，具有落实国家与地区各项法规、政策，辅助实现基本公共服务均等化，采集辖区居民公共需求与基本生活状态信息，解答并反馈政府管理与决策信息等方面的重要作用；另一方面，社区建设与治理是公民社会发展的微观基础，其集体直接民主决策过程要求社区在居民与社会组织广泛参与以及基层民主的程序下按照公民诉求履行部分职责，这又充分体现出社区的自治属性。可见，目前我国社区组织体现出“类行政组织”与“社会自治组织”的双重特点，即社区建设与治理已经成为国家与社会基于各自行为目标和利益而共同营造的选择结构关系。然而，虽然当前我国社区建设在体制形式与机构框架上早已形成网络，但社区在维护辖区内公共利益、行使自治权力、有效组织与联系群众方面仍存在诸多问题，特别是在社区与地方政府及其派出机构、各公共部门之间如何科学划分公共服务事权与支出责任，以及政府预算如何有效促进社区公共服务资金筹集和有效利用等方面需要展开切实改革。

（1）政府与社区间事权与预算支出责任划分

在我国现行财政体制下，所谓社区事权主要是指依据国家与地方各项法规、政策，为满足社区居民基本公共服务与政府基层社会治理的需要，以公共利益维护、提升公共服务绩效水平、有效表达公民集体诉求为核心形成的社区职能所派生出的任务与职责，其实质是社区在公共服务的需求表达与末端供给中应承担的权责。同时，在我国社区事权具有行政事权与自治事权的双重属性，这种显著特征一方面，源自我国基层社会治理的历史沿革，社区肩负着部分由政府及其派出机构下沉而来的委托事权责任；另一方面，社区是公民意识觉醒、集体决策酝酿、公共服务供需互动的重要体制平台与自治组织，这与政府组织截然不同。显然，履行政府委托事权时的社区体现了行政事权自上而下的贯彻，是公共服务供给渠道的重要组成部分，而代表居民公共服务数量与质量需求的社区则体现了基层社会自治组织自下而上的公共利益诉求。事实上，社区所承接的委托事权与自治事权之间并不对立，二者在社区这一基层社会治理层面上交互融合，寻求二者的平衡与高效衔接是正确划分政府与社区间事权的重要依据，偏废或突出任何一方都将失去社区组织的存在意义。社区作为最基层的社会组织在公共服务的供需两侧发挥着联系群众、组织群众、服务群众的重要作用，其具体事权也主要体现在联结群众及其寻求服务的过程中。

首先，明确政府及其派出机构与社区的职能分工，合理划定各自事权与预算支出责任。将社区公共服务列为市县及以下各级政府与派出机构的独立事权与支出责任，按照事权与支出责任相适应的原则，合理安排财政预算资金，不断提升社区公共服务能力，保障社区集体决策与公共诉求的落实与有效传递。当前，我国形成了市县、区（乡镇）两级政府，市县、区（乡镇）、街道、社区（村组）四级（城市）或三级（农村）的公共服务与管理层级。许多与居民生活密切相关的公共服务都需要通过社区这一基层社会组织实现需求信息与服务供给的交换。依据外部性、信息复杂性、交易成本最小化、共同利益等原则，凡需要在全市县范围内统一提供的公共服务事权与支出责任应由市县一级政府承担，如社区基础设施的规划、投资与建设、用地管理、社区基本公共服务标准的制定和执行等，经费支出由市县一级预算安排。适合由区（乡镇）一级政府负责的社区项目，如对社区公共组织人员和办公经费补助等，经费支出由区预算安排。社区民主选举的组织、集体决策程序的制定、社区绿化与环境卫生、社区基础设施维护、社区流动人口管理等更具有区域性特点的事权，可划定为街道办事处与社区的共享事权，支出责任主要由街道部门预算负责。公益合作、噪声管控、道德矫正、普法宣传、公共服务需求信息采集、社区集体诉求表达、文体休闲、养老及日常护理、市场化服务等更适合由社区委员会等自治组织承担，并由其负责资金筹集，同时，区（乡镇）政府和街道在预算上按照一定标准提供部分补助。显然，明确政府委托社区履行的行政事权细节以及其与社区财政事权的彼此关联，同时合理划分政府与社区间的预算支出责任，是未来我国基层社会治理的关键，其改革目标是构建基于社区的政府力量与社会力量交汇、结合后所形成的民主权力结构与关系。

其次，理顺政府各公共部门与社区在公共服务供需中的权责关系。在现代政府行政管理框架下，多数政府职能的发挥需要通过不同的公共部门来实现，由于不同公共服务在性质和特征上的差别，政府各公共部门的管理制度与方法也不尽相同，加之，政府公共部门与社区在权力属性上的差异，也就决定了不同公共部门与社区在各项具体公共服务供需过程中的权责划分直接影响到公共服务的供给质量和居民的满意程度。第一，对于专业性较强、具有纯公共品性质的公共服务，如公共卫生，应由政府相关公共部门在社区设立服务站等机构，独立提供服务，支出责任由政府相关部门承担，社区自治组织只承担一些选址、宣传等协调、配合工作。第二，基于信息不对称、委托代理等原则，如部分社会保障服务、社区内基础设施维护、统计调查等可委托社区自治组织提供或者参与提供，其事权责任由社区与各公共部门共享，支出责任主要由公共部门承担，这种行政事权委托代理关系的建立，建议通过规范且标准化的公共服务合同来实现，充分体现社区自治组织的独立地位及其在公共服务提供过程中与政府部门之间的责权关系。在具体预算管理上，可将社区纳入政府国库集中收付制度，作为劳务提供方接受各公共部门依据服务合同所进行的直接支付，或是通过区（乡镇）、街道的部门预算统一向社区自治组织结转。

最后，彻底改革“城乡社区管理事务”预算科目，精细、准确、具体反映各级政府及其派出机构、各公共部门与社区公共服务之间的预算资金投入关系、规模与结构，提高资金使用绩效与监管水平。目前，“城乡社区管理事务”（212）作为我国政府收支分类科目中的一大类级科目仅包括城乡社区管理事务（21201）、城乡社区规划与管理（21202）、城乡社区公共设施（21203）、城乡社区环境卫生（21205）、建设市场管理与监督（21206）、其他城乡社区支出（21299）六个款级科目。其中，城乡社区管理事务（21201）包括行政运行（2120101），一般行政管理事务（2120102），机关服务（2120103），城管执法（2120104），工程建设标准规范编制与监管（2120105），工程建设管理（2120106），市政公用行业市场监管（2120107），国家重点风景区规划与保护（2120108），住宅建设与房地产市场监管（2120109），执业资格注册、资质审查（2120110）十个项级科目；城乡社区公共设施（21203）款级科目包含“小城镇基础设施建设”一个项级科目；其余款级科目仅设列了与其相同名称的一个项级科目。可见，目前的“城乡社区管理事务”预算科目主要是站在各级地方政府及其派出机构的角度，出于市场监管的需要，以及具有显著外部性和自然垄断特征公共品的提供，设定的具体科目明细，其最大的缺陷就是并未从社区角度充分考虑其具体的事权需要，以及政府预算支出责任在预算科目上如何体现与社区公共服务供给的融合，从而难以通过预算科目反映出政府与社区在公共服务供给中支出责任的明确划分。第一，建议在现有涉及城乡社区的预算科目中增设并合并现有相关科目，增加“社区民主事务”款级科目，下设“民主选举”“集体决策”两个项级科目；增加“社区基本公共服务”款级科目，下设“信息收集与共享”“部门沟通与服务协助”“基础设施维护”“安全保卫”“普法宣传”“道德矫正”“特殊帮扶”等项级科目；同时，增加“社区公益发展”“社区市场监管”两个款级科目。以此，应全面体现政府预算在社区事务中的具体支出责任。当然，这些新增科目的预算支出主要是以补助形式得以实现的，支出责任多为政府与社区共同承担，同时也应建立起这些科目与政府各公共部门的部门预算科目之间的同口径联系，以便于实现各公共部门的社区支出责任。第二，将政府住房管理、城乡建设行业管理、城乡基础设施管理等不属于严格意义上的社区公共服务科目从“城乡社区管理事务”科目中剔除出去，合并到其他相关类级科目中，使“城乡社区管理事务”真正全面、精准地反映政府中社区层面上的公共支出责任，以便各级政府及其派出机构、各公共部门、社区、社会公众都能够清晰地了解到政府对社区公共服务的实际预算资金投入情况，从而有利于对预算资金的监督与使用效益的提高。第三，优化整合现有政府预算科目中涉及社区公共服务的科目，如将涉及残障人士、社会救济、环境卫生、普法宣传、统计信息收集等科目纳入“城乡社区管理事务”，而仍将社区公共卫生与基层医疗等只能由政府专业部门提供的社区公共服务保留在相关科目中反映（见表5-1）。

表5-1　**各级政府及其派出机构与社区公共服务事权与支出责任划分**

社区事权范围	主要内容	事权划分	支出责任	政策依据与监控
集体决策	社区事务公开讨论、征求意见、组织集体表决、组建居民或业主委员会及楼长制、建立并维护社区服务与议事网络平台	社区	社区、街道	市辖区、乡镇、街道
民主选举	依法组织并确保社区公民选举权的落实	街道、社区	区（乡镇）、街道	市辖区、乡镇、街道
信息收集与共享	社区公共需求偏好信息采集并与相关公共部门共享	街道、社区	街道、公共部门	街道、公共部门
部门沟通与服务协助	主动要求各公共部门履行相应职权并协助完成各部门的委托事权	社区	社区、公共部门	街道、公共部门
基础设施维护	负责社区范围内水电气、排水、道路、通信等各项基础设施的日常维护	社区、公共部门	街道、社区、公共部门	街道、公共部门

续表

社区事权范围	主要内容	事权划分	支出责任	政策依据与监控
安全保卫	建立警民联防体系，流动人口管理	社区、公共部门	街道、社区、公共部门	街道、公共部门
环境与秩序维护	负责社区噪声管控、车辆停放、清理乱贴乱画、垃圾分类、绿化与亮化等	社区、街道	街道、社区、公共部门	街道、公共部门
公益合作	鼓励培育社区非营利组织，积极与NGO配合开展社区宣传与公益践行活动	社区	社区	市辖区、乡镇、街道
普法宣传	坚持法律维权教育与案例式普法宣传	街道、社区	街道、公共部门	市辖区、乡镇、街道
道德矫正	弘扬中华美德，褒奖社区道德模范，矫正社区不文明行为	社区、街道	街道、社区	街道
特殊帮扶	针对社区孤残、失业等特殊困难群体给予帮扶	街道、社区	街道、社区	市辖区、乡镇、街道
文体休闲	规划、提供及维护社区公共文体活动场所	社区	社区	街道
养老及日常护理	社区老年人生活状态调查，开展邻里互助，提供并掌握日常护理信息	社区	社区	街道
市场化服务与矛盾调解	监督社区各类商业合同的签署、履行与变更，调解居民与物业企业间矛盾，维护居民公共利益	社区	社区	市辖区、乡镇、街道

（2）社区公共服务财力保障与资金筹集

社区的自治属性与非政府组织特征决定了其在社区公共服务的供需过程中具有自主决策并付诸行动的权力与动机，在政府与社区间事权科学划分的基础上，社区在完成政府及其派出机构委托的事权任务时将获得政府或不同公共部门的财力补助，以此弥补相应事权履行的成本费用，同时，许多受益范围仅限于社区内部、议事与决策过程仅限于社区居民的社区独享事权的履行同样需要建立合理稳定的成本分摊渠道与财力保障措施，而这种资金筹集往往不属于政府行政管理范围，体现社区自治特点。

第一，明确社区公共服务资金来源渠道，创新资金筹集模式。首先，应树立政府预算资金在社区公共服务供需过程中的支出责任主要针对委托性事权的履行，其他社区事权的财力保障应由社区组织自行安排的原则。这一原则的确立既体现了公共品受益范围与成本分摊原理，也客观反映了政府财力的有限性，同时，更尊重了社区自治组织的独立性，避免了社区事务财力保障中政府预算资金一家独大的局面。不难想象，在政府预算资金占绝对主导地位的社区事务资金筹集结构中，社区组织必然将逐渐成为政府机构的附庸，其基层社会治理职能与自主意识也将逐渐丧失，甚至由于对政府预算资金的长期依赖，社区组织的行政化倾向将越发明显，其作为社会化集体组织的群众基础也将不复存在，也就更谈不上社区精神的培育与发展。其次，以“一事一议”“入户宣传”“微众筹”等方式，允许社区组织居民投票、集体民主动议等形式自筹资金，鼓励针对社区建设的捐赠行为，建立社区公益基金统一管理社区自筹和捐赠资金。同时，以法律形式明确社区居民代表大会的财政监督权，保证社区居民自筹与捐赠资金使用的公开透明，建立社区财务制度，社区组织有义务定期公开社区公益基金的筹集、管理、使用与结余等情况，政府与审计机关有义务根据社区居民要求展开社区自筹与捐赠资金的专项或定期审查，从而确保社区财经纪律的严肃性。再次，针对社区公共服务与设施的不足，社区组织可通过征求居民意见、集体协商、投票表决等方式获得社区居民集体授权，面向社会公开招标社区公共服务建设项目，并代表社区全体居民与企业或非营利性组织展开合作谈判，以远期服务性收益或公益目标的实现为价值吸引民间资金参与到社区建设中来。最后，社区组织可根据本社区的资源优势，如环境资源、人力资源、区位优势等，或是自主创办，或是引进民间资本开发社区经营性产业为社会建设筹集资金。当然，社区产业的经营与财务情况也应遵循相关社区财务制度，公开透明地接受社区居民监督。

第二，在社区层面上坚持条块相结合的政府预算资金保障模式。在多方面拓宽社区公共服务资金来源的同时，还应对投入社区建设的政府预算资金做好规划，从而确保社区委托性事权履行的财力保障。首先，从政府块状行政管理的角度出发，区（乡镇）以及街道主要针对社区组织的日常运转，特别是社区工作人员的资金补助提供财力保障。其次，从政府条状行政管理的角度看，政府各基层公共部门应积极参与到社区规划与建设中来，明确各自部门预算中委托社区提供基本公共服务的事项与支出责任。从社区的财力保障角度看，这部分资金来源多为条状管理的政府公共部门资金拨付，体现了较强的专项资金性质，因此，适用于专款专用的预算资金管理方式。

第三，建立市县财力统筹、区（乡镇）具体执行的地方纵向社区公共服务预算转移支付制度，努力实现以社区为单位的辖区内基本公共服务均等化。在我国目前的基层社会治理中，一方面，需要充分尊重社区组织的自治与独立地位，逐渐培养社区自主提供集体公共品、自主筹集公益资金的能力；另一方面，还应客观看待基层政府间的财力差异，以及部分公共服务的外溢效应，从构建现代财政制度的角度，尽快建立健全以社区建设为核心的基层政府间预算转移支付制度，从而有力保障政府委托事权与公共政策的有效落实。具体而言，可在现行基层政府间财力性转移支付制度设计中，将社区公共服务作为一个突出载体，充分考虑影响社区公共服务绩效的各种因素，如社区服务面积与地形特征、社区人口年龄与职业结构、毗邻区社会与自然环境特点、社区住宅与基础设施使用状况等，同时，考虑到不同基层政府及其派出机构财政收入能力，从而科学确定不同基层政府的社区建设上级预算转移支付规模。此外，由于部分社区的特殊地理位置、人口结构、产业特点等原因，部分社区公共服务的提供和保障尤为突出，且具有显著的外部效应，如临近交通枢纽的社区、拥有大型商贸市场的街区、国有企业职工集中的社区、学校与文化产业集中的社区、少数民族聚集的社区等，这些社区中或是公共安全，或是社会保障，再或是政策宣传等不同方面的社区公共服务要求较高，所需要的财力保障自然也不同于其他社区或其他事项。因此，针对社区公共服务中的一些特殊、重点需要，基层政府还应建立健全社区公共服务专项转移支付制度，这里建议将这一制度与各基层政府公共部门的部门预算有机地结合在一起，即基层财政在审核各公共部门的部门预算时，明确公共部门在特殊社区范围内的重点资金保障，财政专项转移支付资金注入其中，如站前派出所、水源地环境监察站等，显然，这部分资金具有专款专用的特征，不允许公共部门在部门预算范围内随意挤占挪用。

（3）社区机构组建、人事制度设计与财务预算监管

首先，与政府部门相似，社区公共服务事权与支出责任的有效履行同样需要依靠相对固定的组织机构。社区组织机构大体上可以分为执行日常社区公共服务职责的常设机构和集体决策社区重大事项时由社区常设机构召集的全体居民或居民代表大会。不同于政府部门，无论是社区常设机构还是居民全体或居民代表大会的中心职责都是最大限度地组织辖区居民主动参与社区公共事务的集体决策，维护社区居民在公共服务供需过程中的发言权和监督权，充分体现社区组织机构向下服务的自治属性，而对于政府部门委托社区机构履行的事权责任，从本质上讲，社区组织机构承担的是类似于服务合同的责任义务。显然，社区公共服务预算直接关系到辖区居民的切身利益，预算资金的规模、结构如何安排，执行绩效如何，未来应如何调整，辖区居民是最有发言权的。然而，在我国现行的民主集中制政治体制下，社区公共服务预算资金的安排与执行，通常是由市、区人民代表大会审核、批准的，普通居民一般没有相应制度安排和途径参与政府预算编制、执行和决算过程，这也就难以避免政府社区建设预算资金的安排与执行同辖区居民的公共需求产生偏差，而当这种偏差严重到一定程度时，社区机构就会产生两种倾向，即或是向上依附的过度行政化倾向，这将导致社区组织机构脱离群众，甚至在一些决策事项上与辖区居民产生严重对立，此时的社区机构也就几乎丧失了自治群众组织的本质，再或是肩负起代表辖区居民公共利益诉求的职责，与政府部门展开沟通协商，此时，社区组织机构将起到化解社会矛盾，促进民生改善的重要作用。这里建议先在我国经济较发达地区选择一些各方面条件较为成熟的城市社区或农村村组展开试点，针对社区住房拆迁、社区公共资源利用、社区重要公共设施建设等

重大事项的集体决策，建立由全体社区居民或者居民代表组成的临时性社区决策机构，通过听证、辩论和投票表决等机制实现社区居民对辖区预算资金以及公益基金需求、筹集与使用的民主决策，通过集体决策的重大社区公共服务事项才能列入相应政府预算，从而最大限度地减少由于社区公共服务供需信息不对称以及粗放式的资金管理造成的基层社会矛盾，提高资金使用绩效。同时，为了更好地履行社区市场化服务事权，社区常设机构应积极组织辖区内不同小区或居民点建立各自的居民或业主委员会，给予法规制度方面的支持，并站在居民或业主委员会的角度一同与签订辖区物业服务合同的商业企业展开矛盾事项的协商，从而最大限度地维护全体居民的公共利益。

其次，社区组织机构负责人及工作人员的产生与变更应坚持自荐与民主推举相结合，政府部门辅助审核的原则。社区组织机构的良性运转与辖区公共服务的有效供给离不开科学合理的人事制度安排，一个来自于基层社区，广受辖区群众认可，有责任心，有能力的社区机构负责人能够在社区建设过程中起到中流砥柱的作用。这里重点强调两个方面，一是要明确社区机构负责人及工作人员的工作性质、任职条件及与政府行政人事系统之间的关系。显然，社区机构人员的工作更多地体现为公益与服务性质，不具备政府部门带有强制性的行政权力，其工作业绩更多地是通过公开透明、民主协商的有效沟通，或是具有法制道德典范、经济示范等带动引领作用来实现的，因此，以社区机构负责人的产生为例，应不同于政府公务人员的选拔，应符合以下几个方面的条件，如自荐或民主推举人的道德品质、法律意识及所从事的职业普遍受到辖区居民尊重；本人及家庭在本社区居住；具有相对较高的文化与知识层次；本人及家庭具有较高且稳定的收入来源；时间资源较为丰富或灵活；具有较强的责任心与公益心；身体健康，生活态度积极向上等。社区自治组织负责人应将向下负责作为首要工作职责，其次才是向上负责，能够真正做到来自于社区群众，为社区居民代言，最大限度地避免社区管理人员行政化倾向，脱离群众，与社区居民间产生隶属关系式的隔阂感。二是社区机构负责人及工作人员的产生与变更程序应充分体现基层民主而非政府任命，应明确社区全体居民或居民代表大会是相关人员产生或变更的唯一渠道，一方面大会应根据社区组织机构换届时间定期召开，另一方面当出现社区机构负责人本人提出申请或普遍不认可已失去群众基础时也可临时召开，此时街道可担负起会议召集者的角色。当然，通过社区民主程序推选出的社区机构负责人，还要完成基层政府机构的背景审查，这一审查主要包括遵纪守法情况、诚信记录等。这里需要强调的是，社区基层党组织及党员应当在社区人事安排与社区建设中发挥重要作用。党员普遍具有较高的政治觉悟与遵纪守法意识，同时，依靠基层党组织的力量能够较好地团结群众、组织群众，可以较好地实现社区事务经济性与政治性的有机融合。

最后，以部门预算制度、非营利性组织财务制度与会计核算为参考，建立社区财务预算制度与监督机制。在合理构建社区组织机构与人事制度的基础上，建立体现公开透明、民主决策原则的社区财务预算制度同样十分重要。这里需要再次明确的是，社区公共资金的来源主要包括政府预算拨款和自筹两个部分。政府预算拨款主要体现为区（乡镇）及街道预算的社区办公经费与人员补助，以及以服务合同或协议为载体的政府公共部门专项预算资金给付。社区自筹资金主要包括辖区居民自愿集资、公益性捐赠、社区产业贡献等。显然，由于资金来源不同，管理手段也应有所区别。从总体上看，建议我国社区自治组织参考政府部门预算的编制管理建立自己的财务预算管理制度，其中涉及政府预算资金的拨付与支出可纳入社区部门预算的基本支出预算，体现政府委托社区履行的事权责任，社区自筹资金的筹集与使用可纳入社会部门预算的项目支出预算，体现不同社区公共服务的特殊性与独立性。同时，由于显著的成本与技术优势，社会组织应充分利用现代网络信息技术建立社区议事平台，社区居民可随时通过此平台反映问题、提出建议、发起公益活动、查看社区财务状况，社区机构也可以利用这一平台定期公示社区财务情况、进行公共服务需求及满意度调查、展开社区公共资金使用说明与动议意见征集。总之，社区网络平台的建设与维护将为社区公共资金的筹集与使用提供必要的民意调查、集体决策信息采集与公众监督的技术支撑，这项技术应用可视为未来社区民主发展与公共服务建设的重要抓手。社区部门预算的编制与解释说明应由社区常设机构负责，编制后通过现场及网络平台的方式向全体居民进行公示，接受意见反馈，并展开预算是否通过的投票表决，当在社区居民中存在较大分歧时，社区机构需组织居民代表进行民主协商并在此基础上调整预算，直至大部分居民表决通过。社区部门预算的执行主要由社区组织负责。此外，在社区部门预算的监督方面，社区财务制度中还应设定第三方审计机制，即定期引入独立审计单位对社区财务展开审计并出具审计报告，费用在社区财务预算项目支出预算中填列。基层政府也可委托第三方审计机构以重点抽查的方式定期对部分社区财务展开审计，针对发现的问题及时向社区居民反馈，社区机构及其负责人应据此提出整改意见并向社区居民公示。

5.2 地方政府部门预算绩效管理改革的制度承接

部门预算作为地方政府预算绩效管理改革的主要平台，项目支出预算是其承接相关制度创新的核心客体，而公共部门预算内部控制体系改革则为预算绩效管理的顺利实施提供了组织规程的保障，同时，复合型支出标准调整公式的设计体现了绩效结果与支出标准之间必要且可行的关联。

5.2.1 以项目支出预算为核心的改革框架

和基本支出预算相比，项目支出预算具有较为明确的支出目的和标准要求，支出绩效与资金投入之间存在较强的相关性，能够围绕项目建立起具体的绩效管理制度体系，包括绩效规划的制定、绩效评价的实施、绩效结果的应用等。同时，政府部门项目支出预算与部门公共产品与服务的供给直接相关，其支出绩效直接影响到公众的切身利益。

（1）绩效目标的制定

项目支出预算的绩效目标是将广义的部门职责集中反映于某项具体的部门公共服务上，它也可被定义为基于部门使命和公众需求，部门项目支出预算在未来所要达到的结果。项目绩效目标在年度计划内是相对静态的，只要部门职责不变，它们也保持不变。项目支出预算绩效目标的实现需要具体措施来完成，即建立可测量的任务，并在实践中得到执行，从而为接下来的绩效评定奠定基础。项目支出预算绩效目标必须包含一个任务，以及至少一个与之相配套的绩效评定方法，用以直接衡量项目绩效目标的完成情况。其中，任务设定必须是具体的、可测量的、有时间限制的。项目支出预算绩效目标的实现需要制定合理的时间跨度。由于项目完成的时间跨度不同，需要区分年度内完成项目和跨年度延续项目，对于跨期项目需要确定年度完成比例，从而评定项目的年度绩效执行情况。此外，还需要注意的是，在绩效目标达成一致意见方面通常是困难的。公共部门的运作，必须要对很多参与者负责，例如，立法机构、普通民众等。但不是所有参与者都能在机构或项目的目标方面达成一致的意见。例如，一个项目是否应当以把促进效率（最小化单位产出的成本）作为主要绩效目标的方式进行管理，或者是否应当给尽可能多的公民提供均等化的权利来提供服务，而把成本作为第二位要考虑的事情。这两个都是合法的绩效目标，但是它们通常是相互冲突的。一个项目可能有多种目标，但是可能人们对它们的相对重要性有不同的意见。虽然有些困难，但形成一个一致的意见，是建立一个有意义的预算绩效管理系统的基本措施。如果一个项目的目标不能够被确定，那么绩效管理模式，如果不是多余的话，也将是含糊的。

（2）绩效流程的设计

明确合理的流程设计是保障政府预算绩效管理制度体系有序高效运行，取得良好效果的重要措施。部门项目支出预算绩效管理的流程设计一般分为准备、实施、结果反馈与运用三个阶段。这里需要着重强调几个时点：一是部门项目支出预算绩效管理的准备阶段应与预算编制程序相协调。目前，我国部门预算实行“二上二下”的编制程序①，部门项目支出绩效管理的组织体系或管理对象一般在“一上”时就应确定，最晚不能超过“一下”控制数下达的时间。详细的年度项目绩效执行计划应参考“一下”控制数做出适当调整，并结合“二上”预算数的增减变

① “一上”是指部门预算单位向财政部门编报预算建议数；“一下”是指财政部门根据部门上报的预算建议数下达的预算控制数；“二上”是指部门预算单位根据财政部门下达的预算控制限额编制部门预算草案上报财政部门；“二下”是指财政部门根据本级人民代表大会批准的政府预算草案批复最终的部门预算。

化，在“二上”预算时说明年度绩效执行计划与部门项目支出预算需求之间的关系。之后，在下达“二下”控制数时，向部门本级和其所属单位一并下达具体的年度绩效执行计划管理办法。二是实施阶段绩效报告的撰写与提交应在部门预算决算时，或下一年度部门预算编制开始之前完成，从而起到对下年度预算编制的参考作用。对于跨年度延续项目，也应在预算年度结束时，依据项目进度比例完成该年度的阶段性绩效报告，对项目进程起到监督作用。三是结果反馈与运用阶段应早于准备和预算编制阶段，并与其紧密衔接，形成整个管理流程的良性循环。

（3）明确产出绩效与结果绩效的测度差异

产出绩效是指公共部门项目为社会真实提供了多少产品与服务，反映了可操作的部门责任，并且以计划工作量的形式为年度预算申请提供基础，因此，也称之为工作量绩效。然而，在产出绩效评定中可能会存在一些错误动机，比如，清洁工人知道其产出绩效评定的内容就是测量垃圾重量，他们就可能通过向垃圾上倒水等方法增加垃圾重量。在产出评定过程中，应时刻注意这种错误的评定动机所给绩效评定带来的负面影响，加强对产出内容核查。

结果绩效是指产出所提供的产品和服务消费对社会的影响。改革实践中，公共部门必须注意区分绩效评价中的结果评价和产出评价，进一步明确各自的内涵和相互关系。比如，公共卫生防疫部门的项目实施引起传染性疾病发生率的下降就是结果评定，而为此所做的疾病救治、预防宣传则属于直接服务的产出评定。再比如，环卫部门将街道清扫“干净”属于结果评定，而其清扫街道的里程则是产出评定。表5-2给出了一些政府部门或公共项目的产出绩效与绩效结果的例子。

（4）建立项目支出预算绩效分析员制度

在公共部门内部，以及财政部门、审计和立法机构，应建立起规范的项目支出预算绩效分析员制度。当发达市场经济国家的政府预算从投入控制转向绩效管理时代后，预算从业人员也从单纯的会计背景变成了具有公共管理专业知识的人员。当然，预算管理人员的重要性在于其在预算改革中的作用，而不是他们的人数。在发达国家，预算机构从业人员大多是从事分析和预测的专业研究人员，但在我国，专职预算人员不

表 5-2　一些政府部门或公共项目的预算产出绩效与绩效结果举例

部门或项目	产出绩效	结果绩效
消防部门	执行检查；应接火警；纵火调查；提供教育节目的时数；对辖区中财产价值的保护等	国际标准化组织（ISO）消防保险级别；火灾损失的金额；火灾造成的人员伤亡数量；火灾造成的交通事故数量；经过报道和未经报道的火灾数量
公安部门	巡逻时间；对请求帮助的反应；犯罪种类的调查；入狱人数	破案率；刑事犯罪率；严重刑事犯罪率
基础教育部门	入学水平；上学天数；在校学生人数；升级和进步学生人数	考试分数结果；父母/学生满意率；毕业生就业率
公共健康部门	受益人数；接种疫苗数量；对饭店的检查次数；培训规划的天数	死亡率；生病率；各种传染病的感染例数
环保部门	颁发环境许可证；进行环境监察	辖区居民生活区的空气达到政府质量标准的比率；地下水达到饮用水标准的比率；固体垃圾生产和排放量相当于基期年度的比率
公共交通部门	运行里程；发车班次；发送乘客人数	事故发生率；准时率；乘客满意程度
市政卫生部门	收集的垃圾吨数；清扫街道的里程；享受服务的居民和商业性顾客的数量	定期对街道清洁程度的目测结果；市民调查满意率；公共健康状况的一般指标
税务部门	处理纳税申报表的数量；处理时间；税务稽查案件数量	总税款拖欠率；纳税人投诉率；对纳税人的公平对待情况
固体垃圾处理	垃圾的收集和处理；受益人数	清洁街道的比率；传染病的发病率；居民满意率；环境达标情况
防止青少年犯罪	青少年犯罪人数；青少年犯罪种类及惩罚情况；负责青少年犯罪的司法人员的工作量	青少年犯罪率；少年犯刑满入学率和就业率

仅数量少，而且大都集中于权力岗位上。从掌握权力到分析研究，这将是今后我们预算人员在部门项目支出预算绩效管理改革中非常重要的角色转变。

一方面，在各公共部门内部，以项目支出预算为依据，各项目资金使用部门设立绩效报告专员，对体现各自职能的支出绩效结果进行适时的汇总与分析，这既有利于项目资金使用部门及时掌握自身职能履行的成效与资金使用状况，也有助于公共部门预算绩效报告的最终形成。另一方面，在财政、审计，以及人大，挑选对部门项目支出预算业务熟悉且有预算管理工作背景的人员作为预算绩效分析员，派遣他们对接部门预算的项目负责人，有针对性地培养把握不同政府部门预算支出项目与政策绩效的专有技能。例如，被分配到公共安全部门的预算绩效分析员必须了解该部门关于防止犯罪的各种行动计划；被分配到环境监察部门的分析员也必须清楚该部门为加强环境监管所制定的各种项目及操作过程。由于这些互动增进了预算绩效分析员对部门项目绩效目标和预算约束的了解，也加强了公共部门与外部组织的沟通，间接提高了部门项目管理、资源配置等管理能力。同时，预算绩效分析员还是绩效信息审计制度中的重要验证载体。部门项目预算支出绩效管理中所收集并采用的数据是否真实、准确、可靠，评定方法是否科学、合理，绩效指标的含义是否存在分歧等，都会直接影响到绩效结果的真实性与有效性，而公共部门内外部的预算绩效分析员是见证部门项目支出预算绩效管理全过程的直接参与人，可以有力地配合相关部门展开绩效信息审计工作。

5.2.2 公共部门预算内部控制体系改革

公共部门预算内部控制体系的改革创新是政府预算绩效管理全面实施的组织框架保障，其与社会化与制度化的外部控制监督机制形成合力，共同保障辖区公共利益不受侵犯并不断得以改善。

首先，建立财务专员派遣机制。由各公共部门派遣本单位熟悉部门预算管理业务的处级以上干部（或巡视员）进驻财政部门（这一方式与英国等发达国家相反），负责随时与财政部门沟通本单位的预算编制、执行、调整、过程与结果的绩效管理等全方位的预算工作，这种派遣既可以是固定形式也可以是轮换形式。这一位置的设定与人员选派十分重要，它是构建财政部门与各部门预算单位新型建设性伙伴关系的重要节点，它将在部门预算中期框架、绩效规划、预算编制与执行以及控制成本方面发挥巨大作用，也在某种程度上解决了目前财政部门自身人力资源紧张且从其他部委借调人员接洽预算事宜的不规范现象。

其次，设立预算联席会议机制。财政部门与部门预算单位之间缺乏有效的沟通与信息反馈及互动是许多国家预算绩效管理改革失败的重要原因之一。建立财政部门与部门预算单位间的定期或不定期的预算联席会议机制的主要作用在于：交换意见，充分协商。一方面，财政部门可以通过这一机制充分了解部门对资金需求、绩效成果的关切及预算行为动机；另一方面，部门预算单位也能够理性看待财政部门的预算决策与管控行为，从而有效消除预算绩效管理阻碍，提高管理效率。具体而言，预算联席会议双方商讨的主要内容包括：共同商定部门预算支出绩效评定指标、支出标准、项目年限、资金划拨等，以及针对结果问责中发现的问题，听取部门预算单位的解释意见并记录在案，当然，不包括总额控制等财政部门独享的控制权力。预算联席会议的最终目的是达成共识，部门预算单位对自己的绩效目标负责，财政部门对资金划拨的保障性与及时性负责。

再次，强化各公共部门的预算内部控制。通过财政部门的外部控制来确保部门预算执行的目标实现，是19世纪建立现代公共预算制度后很长一段时间，直至20世纪50年代，发达国家通行的做法，然而，这一单纯的控制手段往往忽视了部门本身对于预算管控的需求，且对事前审查的重视几乎吸引了各方绝大多数精力。事实上，建立部门预算单位内部预算控制机构并与财政部门相应预算处室之间构建起稳定的协作关系，搭建起统一的监控平台与信息共享机制，既有利于优化部门内部预算环境，更好地把握政策执行，预判经济活动风险，更有利于整合内部人、财资源，有效地将各处室、各环节联系起来，从而提高资源的整合效力与预算执行绩效。公共各部门预算内部控制强化的重点并不在于机构的设置而在于机制手段的建立。部门预算单位预算内部控制的强化除了预算会计制度的改革与完善外，预算执行过程的实时观测与分析也是十分必要的，因此，构建并不断完善部门预算单位与财政部门统一协调、互联互通的部门预算执行与绩效动态监控机制也是加强部门预算单位预算内部控制的重要手段。首先，增强部门预算单位预算执行与绩效动态监控问题的挖掘能力。要制定统一、规范的预算执行与绩效动态监控预警规则，包括明确预警规则设定的原则；细化预警种类和内容；合理设计预警方式；设定重点监控项目库；建立财政部门内部的日常协查机制。其次，提高部门预算单位预算执行与绩效动态监控问题的解决效率。一是建立问题处理的联席会议机制；二是构建重点监控督办机制；三是引入适度容忍机制；四是建立监控信息报告及结果反馈处理机制。

最后，财政部门应树立预算管理的“公共服务意识”。部门预算管理中财政部门除了肩负起重要的预算管控职责外，更应该重视与控制权力相对应的预算服务义务的履行，特别是在预算法规与政策的指导、解读，部门预算制度改革的引导，预算信息全面、多角度的提供，倡导预算透明公开等方面。显然，预算管理服务也是公共服务的重要组成部分，它不仅在于面对社会公众的外部服务，也体现在帮助、辅佐各部门预算单位科学、合理地编制与执行本部门预算。以部门预算财务报告系统的完善为例，除预算文件（报告）之外，财政部门还应帮助部门预算单位提供政府资产负债表、政府（预算）营运表以及现金流量表。在此基础上，部门预算财务报告系统还可进一步扩大到政府或有负债，甚至在财政报告中还可披露一系列政府绩效承诺信息。

5.2.3 制定复合型支出标准调整公式

以OECD国家为代表的发达市场经济国家展开了普遍的、程度与方式不一的基于产出和结果的政府预算绩效改革实践，绩效预算等改革模式逐渐得到人们的认识和关注。美国、英国、比利时等国家在绩效预算改革的实践中，尝试将部门预算结果绩效与相关预算科目的支出标准设定相联系，并在中期预算或中期绩效规划的框架下，赋予预算单位支出标准调整的权限，以此辅助更好地实现既定的绩效目标。当然，对于应该如何看待并运用结果绩效水平的变化与部门预算支出规模之间的制度化联系，在发达市场经济国家中无论是理论层面还是改革实践中仍存在争议，但在细部的预算科目支出标准设定上，选择以绩效为依据并在合适的时间跨度与合理的变化速率内向预算单位授予调整权，已经得到了许多绩效预算改革国家的认可。

这里需要强调的是，根据发达国家，以及一些发展中国家在绩效预算改革中的经验，财政部门对预算单位在部门预算管理中的授权或是管控的放松是有严格条件和前提的。发达市场经济国家普遍是在经历了长时间不断完善、规范的预算过程和投入控制，并已形成较为健全的预算监督法律体系和普遍的预算人员责任意识之后，在此基础上才转向预算绩效管理改革的。因此，对于赋予预算执行部门更多的资源配置权，议会以及政府内部的监控部门都是高度敏感的，并在许多方面设定了严格约束。在部门预算支出标准的设定方面，基本支出预算中除基本工资外，绩效工资、薪金补贴、公用经费等支出标准，预算单位自身可结合本单位的绩效目标的实现情况，在财政部门与预算单位事先协定好的绩效规划框架下进行调整。这种调整不能影响部门预算的总额控制，只能在科目之间进行，因此，财政部门还应明确预算单位支出标准调整资金的来源科目（可能是结余资金也可能是绩效奖励），而这一切的前提是部门预算单位实现了既定的绩效目标。

显然，部门预算单位在支出标准设定与调整权上灵活性的提升，需要一个较为完善和高效的现代政府预算管理制度，且绩效管理理念已在财政部门与预算单位中普遍确立。在中国，预算绩效改革已在中央部门预算管理中有了多年的实践积累，具有中国特色的现代政府预算制度也已并正在深入完善，借鉴国外绩效预算改革的有益经验，可以适当考虑选择合适的中央部门预算单位展开以绩效为依据，以跨期滚动预算为时空，财政部门向预算单位放权支出标准设定与调整的改革试点工作。

结合我国部门预算改革实践，建议制定复合型支出标准调整公式。部门预算中基本支出预算中的人员与公用经费的支出标准核定应坚持实事求是、动态调整的原则，将满足基本公共服务供给、绩效完成情况、政策执行效果、价格变动等因素以各自不同比例综合纳入支出标准调整的计算公式中。在项目支出预算方面，财政部门应会同各部门预算单位开展以各自行业、产业或同类业务为参考的费用标准制定，并同样考虑基本公共服务、绩效、政策、价格等因素，制定动态调整公式。支出标准的制定工作复杂且繁重，建议基本支出预算相关支出标准的制定以财政部门为主，以部门预算单位为辅，项目支出预算则以部门预算单位为主，以财政部门为辅。

5.3 地方财政体制的配套改革

辖区公共利益的衡量、评判、维护与提升需要围绕地方政府预算制度创新展开全方位的改革探索，同时，也需要根据我国政治体制的特点与经济发展的新趋势配合以地方财政体制的革新，将预算制度与财政体制的改革创新二者统一在以公共支出绩效改善为核心的辖区公共利益最大化的“初心”目标之上。现实中，以市县为主体的地方财政事权与支出责任改革应该成为未来我国地方政府间财政关系的改革核心，而大都市区财政概念的提出将进一步为我国地方财政体制优化提供新的改革思路。

5.3.1 市县财政的事权与支出责任划分

市县财政是市政县政地方治理的重要基础。围绕市县财政事权与中央、省级财政事权细部关系的合理确定，以及支出责任的划分，精准定位市县财政的体制安排，将为国家统一政策的有效落实，辖区公共利益的切实维护奠定体制基础。

（1）以垂直管理方式剥离部分市县财政事权与支出责任

从“条块”管理的改革经验与现实需要来看，以垂直管理方式剥离部分市县财政事权与支出责任，既有利于扎牢市县财政权力的制度笼子，又有利于减轻市县财政的负担，最终发挥出市县财政在辖区公共服务供给中的最大效能。

首先，建议省及省以下法院、检察院实行人事选派、司法业务与财政保障的省内垂直管理。市县一级两院的人、财、权独立于本级党政，市县一级财政预算不安排本级两院部门预算，市县一级两院预算由省级财政负担，两院负责人由省级两院任命，不再由市县人大选举，司法业务也由省级两院垂直领导，市县一级两院不再对本级人大负责并报告工作，而改向省级两院负责并报告工作。条件成熟时，可实现从中央到地方的两院垂直管理与财政保障，同时取消政法委设置，防范地方政府与人为因素破坏国家意志在我国单一制政体中的落实与贯彻。

其次，坚决贯彻宪法安排，以垂直管理方式构建市县监察体系，防范权力被滥用。依据我国最新修订的2018年版宪法，“中华人民共和国国家监察委员会是最高监察机关，国家监察委员会领导地方各级监察委员会的工作，上级监察委员会领导下级监察委员会的工作”，同时，原中华人民共和国监察部并入国家监察委员会。可见，国家监察体系的构建同样遵循了垂直管理的原则。市县一级监察部门独立于市县一级党政向省级监察机关负责，预算由省级财政负担。

最后，建议统计部门同样实行垂直管理，地方财政不再承担统计工作的相关财政事权与支出责任。统计部门最大的公共服务职责就在于向公众，特别是公共决策部门提供真实、准确的经济与社会发展数据。实行统计部门垂直管理后，各级统计单位只向上级统计部门负责，而不是向同级政府负责，可以最大限度地保证统计信息的实事求是。

（2）中央与市县财政共享事权与支出责任划分

从地方公共服务的供给角度来看，市县财政是地方公共品的最主要也是最直接的供给主体，中央与地方政府的财政事权与支出责任划分，很大程度上与大部分内容上，可以视为中央财政与市县财政间的划分。市县财政的独立事权与支出责任应主要集中在除了中央或省财政垂直管理以外的公共服务领域，如一般行政管理、公共安全、城乡社区事务、区域内环境保护、区域内农林水事务、区域内交通运输、区域内商业服务等，与中央间的共同财政事权与支出责任，可参照《关于印发基本公共服务领域中央与地方共同财政事权和支出责任划分改革方案的通知》（国办发〔2018〕6号），主要将义务教育、学生资助、基本就业服务、基本养老保险、基本卫生计生、基本医疗保障、基本生活救助、基本住房保障等基本公共服务纳入其中。

（3）市县财政同级与省级财政事权与支出责任划分

建立市县财政体制改革后的一个突出问题就是如何重新定义省级财

政事权与支出责任，特别是如何理解此时省级财政在面对中央财政与市县财政时的地位与职能问题。首先，省级财政与中央财政间的关注应主要集中在贯彻中央宏观经济调控政策，执行中央社会与经济发展的大政方针上。其次，省级财政的核心事权与支出责任主要体现在制定和实行区域内纵向与横向转移支付调节制度与财力统筹措施，协调省内不同市县之间的均衡发展，具体而言，包括市县之间行政区域划分与调整、合理推动和把握城镇化建设、构建横向转移支付制度、制订区域内发展规划方案等方面，起到省内相对于市县而言的财政体制顶层设计、矛盾处置与最终决策者的作用。再次，省级财政应脱离市管县或是省管县的束缚，建立并维护市、县同等地位的财政关系，促进城市群与大都市区财政体制创新，起到引领并主导省以下财政体制改革的作用。最后，在省与市县的财政关系上，省级财政应明确市县财政的相对独立性，而不是依赖于省的授权，同时，省级财政事权已经大幅缩小，更多的公共财政事权下放给市县财政，因此，从政府预算安排的角度来说，市县财政独立事权所承担的支出责任也应进一步扩大并得到充分的预算财力保障。此外，原则上，省级财政不干涉中央与地方共同事权与支出责任的履行，所涉及资金划拨直接进入市县财政国库。省与市县政府间的财政关系见表5-3。

5.3.2 省以下财政体制中大都市区财政的定位与作用

出于辖区公共利益最大化的考量，省以下财政体制改革在确立市县同级的自治型财政体制的基础上，还应重视以一个或多个大中型城市为中心构成的大都市区财政体制创新。随着我国经济发展水平与资源使用效率的不断提升，作为资本、技术、物流、人才和信息集散中心的大都市区对各种生产要素的吸引力与配置能力越发突出，已经日益成为地方、区域，乃至推动国家总体经济增长的重要引擎。从当前我国的中长期发展规划来看，既有国家级城市群的概念[①]，也有国家中心城市的概

---

① 2018年以来，国务院共先后批复了10个国家级城市群，分别是：长江中游城市群、哈长城市群、成渝城市群、长江三角洲城市群、中原城市群、北部湾城市群、关中平原城市群、呼包鄂榆城市群、兰西城市群、粤港澳大湾区城市群。

表 5-3　　市县政府与省政府间的财政关系

事权项目	省		市县	
	财政事权	支出责任	财政事权	支出责任
区域内发展规划	F	F	—	—
市县间区域划分与调整	F	F	—	f
区域内横向转移支付	F	F	—	f
维护市县同级财政关系	F	F	f	—
城市群与大都市区财政建设	F	F	f	f
跨市县环境保护与基础设施建设	F	F	f	f
财政监督与风险控制	F	F	f	—
司法	F	F	—	—
中央与地方共同财政事权与支出责任（义务教育、公共卫生、社会保障等）	—	f	F	F
收费权	f	—	F	F
举债权	f	f	F	F
公共安全	f	—	F	F
城镇化	f	—	F	F
环境保护	f	—	F	F
基础设施建设	—	—	F	F
城乡协调发展	f	f	F	F
经济稳定与发展	f	—	F	F

注："F"代表主要权责；"f"代表次要权责；"—"代表无权责。

念[①]，同时，还有大湾区建设规划[②]，这些都可以看作是我国未来大都市区建设的雏形，然而，出于资源有效配置、区域公共品的优质提供，以

① 从2010年开始，发改委与住建部先后将北京、天津、上海、广州、重庆、成都、武汉、郑州、西安列为国家级中心城市。

② 主要指粤港澳大湾区、杭州大湾区、渤海大湾区。

及外部性治理的需要，以上大都市区建设必须要有坚实的财政基础予以支撑才能保证其发展的持续稳定。

从目前我国的省级行政与财政体制划分来看，由于现有的城市群或湾区概念多为超越省级的行政范畴，因此，客观上讲，其城市间的财政关系与发展定位是较难协调的，中央层次的规划更侧重于政策导向，而各地方大都市区财政体制改革创新的具体事权应主要在省与市县两级政府手中。这里需要强调的是，在具体确立大都市区财政建设的定位、作用与改革方案前，应对如何正确看待大都市区财政与市县同级自治型财政之间关系的问题给出明确答案。首先，作为省以下财政体制改革的两个主要抓手，市县自治型财政改革是省以下财政体制改革的普遍措施，大都市区财政建设则是在前者的基础上，对于大型中心城市及其周边城镇进行财政事权与支出责任整合的特殊体制创新，二者之间是普遍与特殊的关系。其次，大都市区财政与市县同级自治型财政统一于省级政府的财政体制改革总体安排，包括省内横向转移支付制度以及大都市区与周边市县的规划调整、外部性治理等事权均由省级政府与财政掌握。最后，应突出大都市区财政在地区资源配置中的优势，提高财政部门在政府机构框架中的地位。我国各级政府中普遍采取财政部门与其他经济管理部门平级的行政构架，这就使得财政部门在宏观调控、风险控制、整体规划、可持续发展等方面的职能被弱化，无法在公共政策制定过程中有效协调与配置税收、发改等部门的职能侧重，这就容易造成预算平衡难以把控，财政收支预测失效，预算执行不及时、效果不佳等诸多问题，最终影响公共支出绩效的改善，不利于公共利益的实现与维护。事实上，可以在大都市区财政中尝试借鉴发达市场经济国家和国内发达地区的经验，以“财政委员会”或“财经联席会”的形式提高财政部门的行政级别（如高出税务、发改等部门半格），财政部门负责人为主任，其他部门责任人为副主任，以此充分发挥财政部门的综合宏观经济管控职能，避免由于协调不畅、目标单一而导致的公共利益受损。

主要参考文献

[1] ADAMS G S, MULLEN E. The social and psychological costs of punishing [J]. Behavioral and Brain Sciences, 2012 (35): 15–16.

[2] AUERBACH A J, FELDSTEIN M. Handbook of public economics [M]. Amsterdam: Elsevier Press, 2002.

[3] BOLTON, OCKENFELS. ERC: A theory of equity, reciprocity, and competition [J]. American Economic Review, 2000 (90): 166–193.

[4] BRUECKNER, JAN K. A test for allocative efficiency in the local public sector [J]. Journal of Public Economics, 1982 (19): 311–331.

[5] BRUNNER, ROSS. Is the median voter decisive? Evidence of ends against the middle from referenda voting patterns [J]. Journal of Public Economics, 2010 (94): 898–910.

[6] DE OLIVEIRA. Are preferences stable across domains? An experimental investigation of social preferences in the field [J]. Southern Economic Journal, 2012 (79): 302–315.

[7] FEHR, SCHMIDT. A theory of fairness, competition, and cooperation [J]. The Quarterly Journal of Economics, 1999 (114): 817–868.

[8] FISCHBACHER. Why social preferences matter—the impact of non-selfish motives on competition, cooperation and incentives [J].

Economic Journal, 2002 (487): 1-33.

[9] GUENGANT, JOSSELI, ROCABOY. Effects of club size in the provision of public goods: Net work and congestion effects in the case of the french municipalities [J]. Papers in Regional Science, 2002 (81): 443-460.

[10] IARS-ERIC. Public sector efficiency: The roles of political and budgetary institutions, fiscal capacity, and democratic participation [J]. Public Choice, 2008 (136): 475-495.

[11] IRENE. Aaron wildavsky and the demise of incrementalism [J]. Public Administration Review, 1989 (49): 78-81.

[12] JAMES M, BUCHANAN, RICHARD A, et al. Public finance and public choice: Two contrasting visions of the state [M]. Boston: MIT Press, 1999.

[13] KAHNEMAN, TVERSKY. Loss aversion in riskless choice: A reference-dependent model [J]. Quarterly Journal of Economics, 1991 (106): 1039-1061.

[14] KONSTANTIONS. Does public sector efficiency matter? Revisiting the relation between fiscal size and economic growth in a world sample [J]. Public Choice, 2008 (23): 245-278.

[15] LIEBMAN, MAHONEY. Do expiring budgets lead to wasteful year-end spending? ——Evidence from federal procurement [J]. American Economic Review, 2017 (1007): 3510-3559.

[16] MEANS, MEHAY. Estimating the publicness of local government services: Alternative congestion function specifications [J]. Southern Economic Journal, 1995 (61): 614-627.

[17] HOLZER, KATHRYN. Public performance measurement: An assessment of the state - of - the - art and models for citizen participation [J]. International Journal of Productivity and Performance Management, 2005 (54): 517-532.

[18] MARTINSSON, PHAM-KHANH, VILLEGAS-PALACIO. Conditional cooperation and disclosure in developing countries [J]. Journal of Economic Psychology, 2013 (34): 55-148.

[19] MIKESELL. Tax expenditure budgets, budget policy, and tax policy: Confusion in the states [J]. Public Budgeting & Finance, 2002 (22): 4-52.

[20] NISKANEN. Toward moer efficient fiscal institutions [J]. National Tax

Journal, 1972 (25): 343-347.

[21] O'FLYNN. From new public management to public value: Paradigmatic change and managerial implications [J]. The Australian Journal of Public Administration, 2007 (66): 353—366.

[22] PETTERSSON-LIDBOM. Dynamic commitment and the soft budget constraint: An empirical test [J]. American Economic Journal Economic Policy, 2010 (2): 154-179.

[23] RICHARD A. Public finance and three branch model [J]. Journal of Economics and Finance, 2008 (34): 334-339.

[24] RUBIN I S. Budget theory and budget practice: How good the fit? [J]. Public Administration Review, 1990 (50): 179-189.

[25] SCHICK A. The majority rules: Don′t look now, but the congressional budget process is working [J]. The Brookings Review, 1996 (14): 42-45.

[26] SCHICK A. The role of fiscal rules in Budgeting [J]. OECD Journal of Budgeting, 2003 (3): 12-31.

[27] SCHICK A. Fiscal and budget institutions: Consolidators or accommodators? [M]. Washington: MF Fiscal Forum, DC, 2010.

[28] TOSHIHIRO. Overlapping tax revenue, soft budget, and rent seeking [J]. International Tax and Public Finance, 2011 (18): 36-55.

[29] WILDAVSKY A. A budget for all seasons? Why the traditional budget lasts [J]. Public Administration Review, 1978 (38): 501-509.

[30] WORLD BANK. Beyond the annual budget: Global experience with medium term expenditure frameworks [M]. Washington: IMF Fiscal Forum, 2013.

[31] WORLD BANK. World development report 2015: Mind, society, and behavior [M]. Washington: IMF Fiscal Forum, 2015.

[32] Asatryan Z, Castellon C, Stratmann T. Balance budget rules and fiscal outcomes: Evidence form historical constitutions [J]. Journal of Public Economics, 2018 (167): 110-117.

[33] 阿马蒂亚. 理性与自由 [M]. 李风华, 译. 北京: 中国人民大学出版社, 2006.

[34] 罗森伯姆, 孙迎春. 公共服务中的政府、企业与社会三方合作 [J]. 学术界, 2004 (9).

[35] 波蒂特, 詹森, 奥斯特罗姆. 共同合作: 集体行为、公共资源与实践中的

多元方法［M］. 路蒙佳，译. 北京：中国人民大学出版社，2011.
［36］ 鲍尔斯. 微观经济学：行为、制度与演化［M］. 江艇，洪福海，周业安，译. 北京：中国人民大学出版社，2006.
［37］ 包国宪，王学军. 以公共价值为基础的政府绩效治理——源起、架构与研究问题［J］. 公共管理学报，2012（4）.
［38］ 白景明，朱长才，叶翠青. 建立事权与支出责任相适应财税制度操作层面研究［J］. 经济研究参考，2015（8）.
［39］ 白彦峰，叶菲. 中期预算：中国模式与国际借鉴［J］. 经济与管理评论，2013（1）.
［40］ 马蔡琛，苗珊. 全球公共预算改革的最新演化趋势：基于21世纪以来的考察［J］. 财政研究，2018（1）.
［41］ 陈治. 中国预算法实施的现实困境、功能限度与改革进路——基于财政可持续视角的考量［J］. 财经法学，2017（1）.
［42］ 陈龙. 预算治理新价值：破解良序社会生成中的理性困境［J］. 地方财政研究，2015（7）.
［43］ 陈治. 财政可持续视野下预算控制机制的失效与应对［J］. 法商研究，2017（5）.
［44］ 陈志勇，陈思霞. 制度环境、地方政府投资冲动与财政预算软约束［J］. 经济研究，2014（3）.
［45］ 曹堂哲，施青军. 绩效预算与现代政府治理的共生性与协同性分析——兼论我国预算管理改革的发展路径与方向［J］. 广东行政学院学报，2017（11）.
［46］ 程瑜. 激励与约束：中国预算绩效管理的制度创新路径［J］. 财政研究. 2014（9）.
［47］ 程瑜. 契约精神、国家治理与政府预算——从"善政"到"善治"的嬗变［J］. 经济研究参考，2014（9）.
［48］ 戴蒙德，瓦蒂艾宁. 行为经济学及其应用［M］. 贺京同，译. 北京：中国人民大学出版社，2011.
［49］ 弗雷德. 公共物品与私人社区［M］. 郑秉文，译. 北京：经济管理出版社，2007.
［50］ 贺曲夫. 县下辖市与推进自治——我国县辖政区的发展与改革研究［M］. 北京：中国经济出版社，2012.
［51］ 何文盛，蔡泽山. 新时代预算绩效管理推进国家治理现代化的多元维度审视［J］. 上海行政学院学报，2018（5）.
［52］ 黄春元，毛捷. 财政状况与地方债务规模——基于转移支付视角的新发现［J］. 财贸经济，2015（6）.

[53] 郭月梅，欧阳洁．地方政府财政透明、预算软约束与非税收入增长［J］．财政研究，2017（5）．

[54] 郭平，江姗姗．财政分权视角下预算软约束对地方政府债务规模的影响［J］．河北大学学报，2017（9）．

[55] 龚峰，卢洪友．公共支出结构、偏好匹配与财政分权［J］．管理世界，2009（1）．

[56] 苟燕楠．预算管理体制改革：国际经验与未来构想［J］．中国行政管理，2013（8）．

[57] 胡小红．公共利益及其相关概念再探讨［J］．学术界，2018（1）．

[58] 石慧．支出竞争理论：来自公共预算和政治经济学的共同关注［J］．公共行政评论，2013（4）．

[59] 马学亮，周业安．新制度经济学的第三部里程碑式著作［N］．光明日报，2007-05-28.

[60] 蒋悟真，李其成，郭创拓．绩效预算：基于善治的预算治理［J］．当代财经，2017（11）．

[61] 蒋经法，罗青林．社区财政制度的重构：背景、原则与设想［J］．当代财经，2012（8）．

[62] 卡尼曼．思考，快与慢［M］．胡晓姣，李爱民，何梦莹，译．北京：中信出版社，2012.

[63] 刘蓉，黄洪．我国地方公共品的需求表达与决策机制研究——一个政治经济学的分析视角［J］．当代经济研究，2011（11）．

[64] 刘进．构建有利于科学发展的财政体制机制思考——基于省级财政的研究视角［J］．经济研究参考，2013（6）．

[65] 陆超云，冯海波．地区异质性与农村公共品需求偏好［J］．财经科学，2015（2）．

[66] 马俊．公共预算：比较研究［M］．北京：中央编译出版社，2010.

[67] 马蔡琛．现代预算制度的演化特征与路径选择［J］．中国人民大学学报，2014（6）．

[68] 马蔡琛，张莉．构建中的跨年度预算平衡机制：国际经验与中国现实［J］．财政研究，2016（1）．

[69] 马蔡琛，张铁玲，孙利媛．政府预算执行偏差的行为经济学分析［J］．财经论丛，2015（3）．

[70] 马蔡琛，赵灿．公共预算遵从的行为经济学分析——基于前景理论的考察［J］．河北学刊，2013（4）．

[71] 聂应德，王敏．悖离与契合：农村公共产品需求偏好表达机制再构建［J］．

当代经济管理，2015（10）.

[72] 聂少林．地方政府非税收入现状、问题及管理创新［J］．社会科学辑刊，2011（1）.

[73] 潘国旗，杨丹妮．我国地方性公共产品偏好显示与传递机制研究［J］．杭州师范大学学报，2009（9）.

[74] 石国亮．公共服务合作供给的生成逻辑与辩证分析［J］．江海学刊，2011（7）.

[75] 孙琳，桑宁．中期预算、权责发生制与政府债务控制——基于跨国面板数据的分析［J］．财贸经济，2018（11）.

[76] 单晓敏．完善我国财政支出绩效管理的研究［D］．苏州：苏州大学，2013.

[77] 申可君．城市社区建设中的居民参与研究［D］．武汉：华中师范大学，2013.

[78] 田发，周琛影．社会治理水平：指数测算、收敛性及影响因素［J］．财政研究，2016（8）.

[79] 唐土红．论政府公信力及其伦理向度——基于政府理念、行为与绩效的分析［J］．内蒙古社会科学，2016（5）.

[80] 王永钦，许海波．社会异质性、公私互动与公共品提供的最优所有权安排［J］．世界经济，2010（4）.

[81] 王佃利，王铮．城市治理中邻避问题的公共价值失灵：问题缘起、分析框架和实践逻辑［J］．学术研究，2018（5）.

[82] 汪崇金，聂左玲，岳军．个体异质性、预期与公共品自愿供给——来自中国的经济学实验证据［J］．财贸经济，2012（8）.

[83] 汪崇金，聂左玲．破解社会合作难题：强互惠真的够强吗？——基于公共品实验研究［J］．外国经济与管理，2015（5）.

[84] 汪丁丁．新政治经济学讲义——在中国思索正义、效率与公共选择［M］．上海：上海人民出版社，2013.

[85] 魏来，胡莉．基层社会治理：实践特征、发展困境与化解之策——首届县域治理高层论坛综述［J］．社会主义研究，2016（2）.

[86] 温来成．城市社区公共服务能力与政府预算管理创新［J］．财贸经济，2011（9）.

[87] 向德平，申可君．社区自治与基层社会治理模式的重构［J］．甘肃社会科学，2013（3）.

[88] 肖鹏，陈凯．地方政府债务纳入中期财政规划管理的效应研究——基于美国州政府的实证检验［J］．财政研究，2017（9）.

[89] 项后军，巫姣，谢杰．地方债务影响经济波动吗［J］．中国工业经济，2017（1）.

[90] 于建嵘．县政改革的目标与路线图［J］．东南学术，2010（1）.

[91] 杨立春. 公共利益论——基于我国公共产品提供的视角分析 [D]. 上海: 复旦大学, 2011.
[92] 闫坤, 刘陈杰. 中国财政政策顺周期行为: 财政分权与预算软约束 [J]. 经济学动态, 2015 (8).
[93] 周小亮, 笪贤流. 效用、偏好与制度关系的理论探讨——反思消费者选择理论偏好稳定之假设 [J]. 学术月刊, 2009 (1).
[94] 张琦, 吕敏康. 政府预算公开中媒体问责有效吗? [J]. 管理世界, 2015 (6).
[95] 张延, 赵艳朋. 财政分权、晋升激励与基础设施投资——基于中国省级面板数据的空间计量分析 [J]. 经济问题探索, 2017 (12).
[96] 张国军. 交易政治观的演变、应用及其局限 [J]. 太平洋学报, 2011 (4).
[97] 张婷婷. 中期财政规划管理与预算管理制度改革 [J]. 经济研究导刊, 2015 (7).
[98] 郑昊力. 亲社会偏好无法解释公共品博弈中的合作 [J]. 中国社会科学报, 2013 (12).

索　引